くじけてなるものか

笹川良一が現代に放つ警句80

工藤美代子＝編著
Kudo Miyoko

幻冬舎

くじけてなるものか

笹川良一が現代に放つ警句80

はじめに

ふと気がついたのは、あの大震災の直後でした。

わたしは前年に笹川良一という人の評伝を書きました。彼の生涯を追いかけて、なんとかその全体像に迫りたいと願ったのです。

そして、笹川の評伝は刊行されたのですが、はたして自分はほんとうにあの人物の全容を摑《つか》めたのだろうか。何か忘れたものはなかっただろうか。それが、しきりに気になり、彼に関する資料をひっくり返しました。今考えると、震災直後の自分の不安な気持ちをどうにも持て余して、誰かに助けを求めていたのでしょう。

正直にいうと、大量のジャンクフードを傍らに置いて、それをぽりぽりと食べながら、ただただ笹川の資料をむさぼり読んでいました。

そしてある文献の前で、私の手は止まりました。それは笹川が昭和五十一（一九七六）年から平成五（一九九三）年にかけて全国モーターボート競走会連合会の機関紙に連載した「提言」のシリーズでした。

笹川はバブル経済が真っ盛りの昭和の時代から、エネルギーの節約を叫び、経済万能主義を批判していました。読めば読むほど、笹川の言葉は現代日本への直截《ちょくせつ》な警告として底光りを放っていました。

なんだ、自分が探していた回答はここにあったのだ。今、未曾有《みぞう》の国難に晒《さら》されている日本と日本人に対して、きっぱりとした提言をしてくれているのは、現存の政治家でも作家でも評論家でもない、この人なのだと思いました。

もう十六年も前にこの世を去った、笹川良一という人物は、その生前に世間から、あらゆる悪評を浴びせかけられました。それでも日本人としての強い信念の元に、人は、国家は、企業は、こうあるべきだという指針をずっと発信し続けていたのです。

この大震災があったからこそ、わたしは笹川のあらたな側面に巡り会えたのだと思っています。なぜもっと早く気づかなかったのかといわれれば、返答のしようもないのですが、せめて、絶対にくじけることなく、あきらめずに生きてゆく笹川の力を一冊の本の形にして読者にご紹介できたらと考えました。

あれから六ヵ月。毎日、笹川の「提言」と向き合って、ひたすら彼の言葉に没頭し、わたしは自分が再生し、日本の復興を確認できるような気持ちになりました。

今だからこそ、笹川の言葉を多くの人に味わって欲しい。わたしたちは一人ではない。その証拠に笹川はずっと以前から日本と日本人にこころを添わせて生きていました。これは天界からの彼の応援歌です。

装丁　間村俊一

目次

災いを転じて生かせ、福となせ

エネルギーの節約が急務となっている。
わたしは運動をかねて、できるだけエレベーターには乗らない。
降りるときには、たとえ四十階以上あっても階段を使う。
みんながこうすれば、エレベーターの電気量は
半減できるのではないか。
健康にもよく、長生きの秘訣ともなり一挙両得だ。

電気と水の節約は笹川の頑固なまでのモットーだった。

「いくぞ、ついてきたまえ」

秘書を叱咤《しった》するや笹川はある日、エレベーターに乗らず十五階から非常階段を駆け降りた。

世界消防協会会長として、非常階段の確認と運動を兼ねて降りるときはいつも階段だった。

だが一階の出口まで降りたものの、折悪《おりあ》しく鍵がかかっていて外へ出られない。

そのとき笹川、意にも介さず踵《きびす》を返すやさっと階段を逆戻りして上がって行った。秘書は天を仰いだというが。

水のエピソードにもこと欠かない。自宅の風呂桶の水は、ほぼ半分しか張らない。肩までどっぷりとか、ザーッと気分よく湯を流すなどということは、子供たちにも決してさせなかった。

「世界には一滴の水にも困っている人たちがいるんだ。湯は半分で十分」

ときには水風呂も辞さなかったほど、エネルギーの節約にこだわった。

東日本大震災で被災者はお互いの水を融通しあい、電灯も分けあってしのいでいた。

そうした気高い人々の姿に胸を打たれた記憶を忘れてはならない。

電気の供給を原子力だけに頼ることができないと分かった以上、省エネもかねた階段利用と水の節約は緊急の課題となった。それは規則というものではない。徳育というものだ。

日本が昨今、教育から捨て去ったものの中に復興の鍵がある、と笹川は指摘する。

かつて日本人は一個の渋柿といえども無駄にしなかった。
渋柿は甘くして食べてもいいし、薬用にも効くという。
贅沢《ぜいたく》な食べ物ばかりに目を向けず、
庭の渋柿を大切にする心を失ってはならない。

笹川の「ああ、もったいない」は挨拶《あいさつ》代わりだった。水道の垂れ流しに始まって、食べ残しの弁当にいたるまでである。おしんこにかけた醬油《しょうゆ》すら残すともったいないと息子を叱った。

故郷の西国街道沿い（大阪府箕面《みのお》市付近）を歩いていたとき、笹川はふと民家の庭先の渋柿が落下したまま放置されているのをみとめ、このひと言を吐いた。

たしかにかつて日本人は渋柿の再利用に頭を使ってきた。渋を抜いて甘くして食べる工夫はさまざまあったし、今よりはるかにたくさん食されていたと思う。それだけ甘いものに飢えていたのかもしれないのだが。

柿の渋は民間療法として、火傷《やけど》やしもやけなどに効くという。防腐剤としての利用法もあるようだ。

渋にはタンニンが多く含まれていて、水の中でタンパク質と結合すると沈殿する性質があるところから、清酒の清澄剤としても役立つと聞いた。

笹川良一の生家は今では箕面市小野原西と表示されているが、かつては大阪府三島郡豊川村小野原で代々酒造業を営んでいた。

父親が渋柿から採ったタンニンを酒樽《さかだる》に仕込んでいる姿が、子供心に焼き付いて育ったのだろう。

いずれにせよ、「ああ、もったいない」は時節柄、身に沁《し》みる。

風呂敷という便利な道具はどこへいった。
なんでもかんでも紙袋やレジ袋に詰めればいいというものではない。
消費がゆき過ぎると、浪費になる。

昔からの道徳と利便性とは、本来相反するものではないとわたしは思っている。

ゆき過ぎた道徳観はかえって生活の邪魔をするし、同じく利便性の過度な追求はゆがんだ社会を生む。不要品を捨てることと、使える道具を丹念に使い続ける生活を、矛盾しないようにして生きてゆくのが規律ある美徳というものだ。

こういうことをいうと、消費しなければ日本の経済は立ちゆかない、と批判される。

市場経済の発展は大切だが、使えるものも捨てるような風習はいかがなものだろう。なにごともほどほどに、という文化が日本人の美点でもあった。

そこで、包む文化である。作家の幸田文はかつての東京下町の菓子屋では、「何をお包みいたしましょう」という言い方があった、と書き残している。

「日本髪のおかみさんからそう言われ、選んだ菓子は、経木を濡布巾でキュッとふいて盛り込み、白いかけ紙で、ふわっとくるんでくれる。それを風呂敷に入れて、ささげるようにしてもって帰った」（『包む』）

風呂敷の起源は奈良時代という。千年の文化には千年の風情がある。

その風呂敷の寸法の大きいのを大風呂敷といい、できそうにもない大言壮語を揶揄《やゆ》する場合に使われる。関東大震災のときに後藤新平などがそういわれたが、いま緊急に必要なのは包む文化の特大版人物ではないか。


幸田文（一九〇四〜一九九〇）作家。幸田露伴の次女。『おとうと』『流れる』ほか。

後藤新平（一八五七〜一九二九）政治家。東京市長や関東大震災直後の帝都復興院総裁として活躍。

わたしが経営する公営競技、競艇事業の売り上げは
最高時には一兆七千億円（昭和六十一年現在）となった。
役員一人と職員五十四人の計五十五人だから、
一人あたり年間三百億円の売り上げとなる。
秘訣は少数精鋭主義と、十年先の展望をもつことにつきる。

少数精鋭という限り、選ばれた少数が精鋭でなければならない。ただの少数では結果は得られない。

笹川が指揮を執った全国モーターボート競走会連合会はおそらく精鋭ばかりを集め、彼らが汗水垂らして働いた結果が、一人三百億円の売り上げにつながったのだろう。

それに比べて行政はどうか。十年先、三十年先の町づくりや都市計画を立案し、予算に取り組んでいるようには思えない。高級官僚や政治家またしかり。もっと罪は重い。税金を払う側に立ってものを進めなければ、血税は浮かばれない。

じゃあ切り捨てればいいんでしょ、とばかりにかつて登場した行政刷新担当の女性大臣は、スーパー堤防も次世代スーパーコンピュータの導入予算をもバッサリ切り捨てた。

一位を目指さなければ二位も三位もないという子供でも分かる理屈が分かっていなかった。この元マルチタレント大臣、実は「災害対策予備費」「学校耐震化予算」「地震再保険特別会計」などという震災に直結する予算四千億の削減にも荷担した。国民に向かっての背任行為としか思えない。彼女の父親が育った文化圏ではそれを漢奸《かんかん》という。

切り捨てと少数精鋭はまったく違う。少数精鋭の基本には、慈しみがなければならない。将来の展望をもった本当に無駄のない予算案が少数精鋭というものだ。会社も国家もその点では同じことである。

漢奸　中国でいう国家の裏切り者。売国奴。かつて清朝の王女に生まれた川島芳子は、日本軍のスパイとして活動した罪を問われ、漢奸の罪名で銃殺された。

事業成功の秘訣は十年先、二十年先、五十年先を見越して仕事をすることにある。
わたしが「船の科学館」を建てたとき、あのあたりは一坪四万五千円だった。
とりあえず一万五千坪だけ買っておいたが、
今（平成元年）、仮に坪三百万円とすれば四百五十億円の資産となる。
事業経営にはなにごとも先見の明こそが必勝の極意である。

笹川が「船の科学館」の建設にとりかかったのが昭和四十五（一九七〇）年、ときの首相は佐藤栄作。田中角栄が自民党幹事長の座にあった。

東京湾の埋め立て地お台場で鍬《くわ》入れ式が行われていたころ、大阪では万国博覧会が華やかに開催されていた。まさに日本挙げて高度経済成長のただ中に皆が立っているような時代だった。

先に後藤新平を例に引いたが、田中角栄の日本列島改造論も大風呂敷にひけはとらない。「コンピュータ付きブルドーザー」とまでいわれた宰相が、あろうことか外国で行われた嘱託尋問の証言だけで有罪となり、失意のまま逝《い》った。

オイルショックと狂乱物価さえなければ、角栄の列島改造論は後藤新平に負けない国土改造となったかもしれない。民主党が「コンクリートから人へ」などといって、国土建設を貶《おとし》めたつけが今になって回ってきた。大震災復興計画が出るたびに、多くの人々は密かに角サンの顔を思い浮かべるが、口には出せずにいるのではないか。あれほどの行動力、資金収集力、指導力を持つ指導者がいない不幸がようやく分かってきた。

こういう危機には、後藤新平や田中角栄並の人物が必要とされるのだ。三十年先、五十年先を予見して金を動かす英雄を輩出した時代は元気があった。

佐藤栄作（一九〇一～一九七五）　政治家。戦前の鉄道官僚から戦後は政界へ。長期政権を維持し、沖縄返還に道筋をつけたことなどからノーベル平和賞を受賞し話題を呼ぶ。

田中角栄（一九一八～一九九三）　政治家。「今太閤」ともてはやされ若くして首相となったが、ロッキード事件の裁判で有罪判決を受け失脚。事件の真相に不明瞭な点が多く、疑問が残っている。

プルトニウムの使用は最小限にすべきではないか。
想像を超える天然災害や再処理施設の問題、
輸送の危険性も問われている。
いつテロリストに襲われないとも限らない。
核兵器製造に転用可能だからである。
今ほど電力の節約と、代替エネルギーの実用化が急がれることはない。

平成五（一九九三）年、笹川はこのように原発だけに頼るエネルギーについてすでに心配していた。

昨今では原発や代替エネルギーに関する議論は百家争鳴。いったいどうすればわが国の貧弱なエネルギーを救えるのか、名案はなかなか浮かばない。

代替エネルギーの知恵は専門家に委《ゆだ》ねるしかないが、コストや電力供給能力からいって、果たして原発に代わりうるアイディアはあるのだろうか。

使用済み核燃料が適切に処理されなければ地下水を汚染するし、テロリストの手に渡れば劣化ウラン弾を生産する危険がある。だが、プルトニウムとウランは再処理すると、再び核燃料として再利用できる。

つまり高速増殖炉を通じて繰り返し再利用可能という利点がある。ところがそこに危機管理という落とし穴もあった。

しかし、もっと恐ろしい落とし穴は、原発反対が核アレルギーと結びつくことだ。せっかく非核三原則を見直す動きが出始めたところでの、過剰なアレルギー噴出も国を滅ぼす。

非核三原則　一九七一年、当時の佐藤首相が「核を持たず、作らず、持ち込ませず」という三原則を約束し、衆議院で議決。以後、歴代内閣の申し合わせ事項とされてきたが、近年、あまりにも非現実的との声が高まっている。

経済が栄えても、心が滅びてはなんにもならない。
カネが余っているからといって、外国の不動産を買いあさり、
地価をつり上げるのは地元住民の不興を買う。
経済力と仁徳のバランスが肝心なのだ。

弱い立場の人をいたわる気持ちを惻隠《そくいん》の情という。日本人の特質の中でも際だって高貴なものだとわたしは思っている。

自分さえ良ければ他人はどうでもよい、というのが一番困る。人だけではなく、いや人が経営するのだからこそ企業にも惻隠の情が求められる。大企業はとかく利益優先になり、地元民、すなわち国民へのいたわりを忘れがちだ。企業にも「徳」の追求がなければならない。

かつては公害企業、とりわけ水銀による水俣病が大問題になり、最後は政府が謝った。苦しみ抜いた人々の映像はいまでも瞼《まぶた》に残っている。

今度は東電である。電力の過大使用を追求したがために安全への予算を甘くみた結果ではないか。そこに共通するのは企業による自制、自浄の心がけの有無だろう。

儲《もう》けながらも、たまには立ち止まってふと地元民の問題に心をいたしてみる——それが惻隠の情というものだ。

だが、今回の原発事故の問題には企業だけではなく、一般の消費者側にも問題がないわけではない。点《つ》けなくてもいい電飾や自動販売機の規制などを日頃から考え、国民自らも節電すべきだった。いくらでも使えるだけ使えば、やがてはしっぺ返しがくるという古い言い伝えは死なない。市場経済の追求と、「徳」のふたつ揃ってこその豊かさだと思う。

水俣病　一九五〇年代、熊本県水俣地方で工場廃液の汚染による有機水銀中毒が発生。後に新潟県阿賀野川でも起き社会問題化した。

環境保全は長寿の秘訣でもある。

ましてや子孫のことを思えば、節電や水の浄化、乱伐防止、マングローブの植林など、怠ってはならない。

山林は酸素の供給源である。海の山林、マングローブは有機物を分解し生態系環境の保全に非常に役立っている。

原発事故による海水汚染、大気汚染はいうに及ばず、工場廃水、石油の流出などによる地球規模の環境汚染にはなかなか歯止めがかからない。

それもこれも、企業が自覚して徳の観念を持たないと実現は難しい。海や川を汚染しないという約束ごとは、刑法などで決められていなくても人間社会の規範、すなわち道徳性によって判断されなければならない。

環境汚染をしないという企業におけるごく基本的な約束は、単なる法令遵守《コンプライアンス》とは違うものだとわたしは理解している。

なんでもかんでも法令に従っているだけで済むというのでは「法令原理主義」になってしまう。

法の網に引っかからなければそれでいい、という考え方は著しく品位に欠ける。自分の道徳性によって、環境汚染をやめるよう心がけてはじめて品格ある行動といえるのだ。

マングローブ　亜熱帯や熱帯地方の河口や海辺に発達する特異な植物群。陸地における森林と同じく、多種多様な生物の生息環境となっている。

まだ十分に使える家電製品などが大量に廃棄されている。
電気冷蔵庫、洗濯機、テレビなど、日本人は直して使う文化まで
どこかに捨ててしまったのだろうか。

節約の習慣や浪費しない生活を目にすると、思わず畏敬の念を覚える。

修理すれば使える家電製品や家具類に、手を加えて再利用する生活は見直されつつあるとも耳にする。在日外国人のグループが棄てられた製品や家具を再利用している活動もテレビの報道で見たことがある。

一方で消費する文化が経済を活性化させるという意見もあるが、生活用品から家屋まで、修理する事業を育成するのも雇用を生むのだから悪くはないはずだ。

要はほどほどに新旧使いこなせばいいわけで、古来、わが国民が得意としてきた手法ではないか。

少しだけ不自由な生活を思い出すのも悪くはない。

かつて日本の家庭では、天井に下がっている一個の電球を外して二股ソケットというものをつけた。そこから電球と机上のスタンドのコードに分けられただけでも便利さを味わったものだ。聞くところでは二股ソケットは松下幸之助の発明だという。貧しかった松下幸之助ならではのアイディアだ。

「電気を大切にね」というテレビ・コマーシャルを流していたのは東電だった。「水を大切に」もどこかにあった。そういいながら、無制限に使わせ、使ってきたのは電力会社と国民だった。

松下幸之助（一八九四〜一九八九） 実業家。尋常小学校四年中退で丁稚《でっち》奉公に出て苦労を重ねた末、松下電気器具製作所（現パナソニック）を創業した立志伝中の人物。「経営の神様」とも呼ばれたが、人づくりにも尽力した。

世界平和の基礎づくりは、まず貧困をなくし、飢餓を解決し、その上で民族・宗教問題におけるテロを根絶することにある。口先で平和を唱えているだけでは、世界平和の基礎はできあがらない。

東西の壁が壊れた後の国際紛争は民族や宗教間での争いに変わり、より複雑で面倒になった。その発端となったのが平成十三（二〇〇一）年の「九・一一」アメリカ同時多発テロだった。

思い起こせば、まだ一ヵ月にも満たないころわたしは現場のグラウンド・ゼロを訪れたが、受けた衝撃は筆舌に尽くしがたいものがあった。

ブッシュ大統領は、報復すべき実行犯をアルカイーダとし、その頭目ビンラーディンを逮捕し「厳正に裁く」ことをアメリカ国民に約束した。

ところが日本では、マスメディアがブッシュ大統領を批判し、「弱者をテロに追い込んだアメリカが悪い」とか「テロリストにも同情すべき点あり」といった論調が威勢よく流された。いちいち名前を挙げないが、ベストセラーを出しているような著名作家やジャーナリストにそういう人物が多かった。

だがアメリカは、イラクで遂に民主的な選挙を実施し、サダム・フセイン時代には見たこともない民主主義とイスラム教の両立を実現させつつある。

大震災の余震がまだ続く中、ビンラーディンが長い逃亡潜伏の末に殺害されたとのニュースが届いた。アメリカはたとえ共和党から民主党に替わっても、国家の敵を抹殺する約束を違《たが》えることはなかった。テロ根絶への第一歩である。

ビンラーディン（一九五七〜二〇一一）　イスラム過激派のテロリスト。アメリカ同時多発テロをはじめ多数のテロ事件の首謀者とされる。アルカイーダの司令官。二〇一一年五月二日、米海兵隊特殊部隊の軍事作戦で死亡。

わたしは戦前に大阪刑務所で二年六ヵ月、戦後は巣鴨プリズンで三年一ヵ月、都合五年七ヵ月の獄中生活を強いられた。

もちろんいずれも無罪になったので、その間は神様からまとめて休暇をいただいたものと今では感謝している。

結果よければそれでよし、悪ければ三文の値打ちもないのがこの世の中だ。

結果よければそれでよし、というのが笹川の人生哲学だった。あらゆる面でプラス思考というのだろうか、たとえ獄中生活が何年あったとしても、時間が無駄だった、アア悔しいとは決して考えない。めったに休めない体だから、神様の采配《さいはい》で休暇を貰《もら》ったとポジティブに転化しようとする。

昭和十(一九三五)年八月、笹川は恐喝容疑で大阪刑務所に入った。さらに戦後昭和二十年十二月には、A級戦犯容疑者として巣鴨拘置所に三年以上も収監された。

だが彼は意気揚々たるもので、二度の獄中生活を悔いるどころか人生の糧として誇らしげに語ったりしている。いずれも無罪に終わったからとはいえ、なにごとも前向きに考える笹川流の生き方の見本ともいえる。

凡人にはとても真似のできない業だが、おそらく死生観にその奥義が隠されているのではないだろうか。たとえば六十歳の誕生日に、「もう六十歳になってしまった」と思うか、「まだ三十年も働ける」と考えるかの差なのだ。

笹川は間違いなく後者であり、多くの人々が前者に属する。この差は大きい。

人生で使った分とこれから生きる分、残りの時間を充実させるにはプラス思考が決め手だ。

A級戦犯　極東国際軍事裁判(東京裁判)で一方的に決定された戦犯。逮捕者は百名を超えた。「平和に対する罪・人道に対する罪」などという罪名の適用は事後法であり、国際法からみても明らかな違反だった。ほかに、B、C級戦犯逮捕者は数千名に及ぶ。

治にいて乱を忘れず、である。
一滴の水も、一ワットの電力も無駄遣いしてはならない。
モノはある間に心配せよ。
なくなってから心配しても泣くに泣けない。

五経のひとつ易経にいわく、「治にいて乱を忘れず」と。すなわち、天下泰平の世にあっても、乱世となった場合に備えて準備を怠るな、との教えである。

昔の家庭ではたいがい老人がいて、そういう戒めのような説教をされたものだ。

だが現代の家庭にはもはやその風習はない。

年寄りは孤独に死んでゆくし、若い者は説教を嫌う。

笹川が巣鴨に入っていた時代は毎日が「乱」だったから国民はみな一滴の水、一ワットの電力を大事にしていたのだろう。

乱世とは戦の時代、日本でいえば先の戦争を指すというので、もってのほか、けしからん、と多分日教組が言い出して止めさせた。

子供たちは乱を忘れ、毎日が平穏無事でこれが平和なのだ、と教わって育った。

乱を治める自衛隊など目の敵だった。

「防衛大学生をぼくらの世代の、一つの恥辱だと思っている」（「毎日新聞」一九五八年六月二十五日夕刊）と述べたのはのちのノーベル賞作家大江健三郎氏だ。

その世代が子供をもち、やがて孫まで育ったときにこの大震災に見舞われた。

戦後教育のメルトダウンがもたらした人災を、今度こそ福と変えるチャンスとしよう。

わたしが大病にかかる場合、目が回るという前兆がある。
大地震にも同じく前兆があるのではないか。

民間伝説では過去の大震災の少し前から見聞きされたさまざまな超常現象が伝えられている。まずは大正十二（一九二三）年九月の関東大震災直前の話である。

伊豆半島ではアワビが岩に堅く吸い付いて採れなくなった。

浅草では犬が遠吠《とおぼ》えする家が急に増えた。

神奈川県秦野の井戸は、地震前に水位が低下し、地震後は上昇した（井戸水の変化情報はほかにも多い）。

大根と梨が大豊作だったが、地熱のせいか。

江戸川の市川橋下の水道管を伝って大量のネズミが逃げて行った。

横浜市鶴見の海岸では、カニが陸に向かって大移動するのが目撃された（カニの情報はほかにも多い）。

東神奈川の運河で、ハゼが異常発生した。

震災当日の早朝、熱海の初島沖で、稲妻が走った（亀井義次著『地震の起こるとき』より）。

さらにさかのぼれば安政元（一八五四）年十一月の大地震でも多くの異常現象が記録されていた。静岡市「木屋江戸資料館」の記録から一部を紹介しよう。

その夏、静岡県付近は異常な猛暑に襲われた。箱根で三十二度など。

富士川が何度も大洪水。各所で決壊。静岡市方面の空で火の玉が飛んで破裂した。

「非科学的」と一蹴《いっしゅう》するなかれ、こうした前兆もバカにできない。

いくら儲けてもいいが、儲かったら利益の十パーセントくらいは
相手に寄付すれば文句も出ない。
自分だけがひとり勝ちしようとするから、憎まれる。

笹川の生家が酒造業だったことはすでに述べたが、先代からの言い伝えで無理な押し売りだけは絶対にしなかった、という。

買いに来る村人の収入や家族数を聞いて、飲み過ぎるような量は売らなかった。収入の割には飲み過ぎる客には、「半分にしなさい」とまで注意したそうだ。名字・帯刀を許された庄屋だったことにも関係するかもしれない。

並の商人の感覚なら、売れるだけ売ればいいと思うところだ。だが、笹川の父親はそうはしなかった。笹川もまた父親を真似て、相手の利益も考えた金儲けを実行し、成功した。

商売で儲けたカネは社会に寄付金として恩返しをした。競艇で儲けたカネは、天然痘撲滅やハンセン病予防に使う。これならたいがいの国からは感謝こそされ、非難はされない。

だが、日本国内からは死んでからも文句が出た。「カネがすべて、という戦後日本人の考え方を作った人」(「毎日新聞」一九九五年七月十九日、死亡記事)など挙げればきりがない。

「悪口は有名税」といって、笹川は笑って死んだ。

天然痘撲滅　ジェンナーの種痘によって撲滅が進められた天然痘は一九八〇年、WHO(世界保健機関)によって撲滅宣言がなされ、その際特に笹川の貢献が賞賛された。

ハンセン病予防　一九六一年、ハンセン病予防ワクチンの試薬が完成すると、笹川は自らその予防ワクチンの接種を受け実験台となった。以後、ハンセン病制圧活動は三男の笹川陽平(日本財団会長)に引き継がれている。

寄付をした人の好意を残さないのは日本人の欠点だ。
これではよほど相手を選んで寄付をしないと、
ドブに捨てたのも同じ結果になる。

寄付をするなら活きた寄付をせよ、が寄付王笹川の人生観の到達点だった。

欧米では公園整備や慰霊碑、学校などの建設に寄付をすれば、必ずといっていいほど寄付者の名前を刻んで残す。長い習慣からそうなったのだろうが、宗教観が関係あるかもしれない。

わが国の寄付の慣行にはその点、敢《あ》えて名を秘す、というところにおくゆかしさを感じるのか寄付者の名を明らかにしない場合が多々ある。

笹川はその点をドラスチックにこう断定している。

「カネのある人はカネで、頭脳のある人は頭脳で、労力のある人は労力で奉仕し」その結果、受けた側は「感謝の気持ちを持って寄付者の名前を残すよう考えるべき」だと。

寄付を貰ったら寄付者の立場をおもんぱかって、何らかのかたちで氏名を残すのは確かに理にかなっている。

多額の寄付ばかりではない。募金箱に入れたわずかな善意が、どこへいったのか追跡するのはさらに難しい。

貧者の一灯といえども、行方は知りたい。

もっとも大切な酸素は草木と水から発生する。
五十年、百年先を考えて水の確保、浄化、植林の推進政策は不可欠だ。
水資源を大切に。

水資源に限りがあることを今回の大震災でわたしたちは思い知らされた。津波や放射能汚染という水そのものからの猛攻撃を受けて、初めて飲料水、それも乳幼児の水の大切さが身に沁みた。水から復讐《ふくしゅう》された感すらある。

一滴の水の価値について笹川はいろいろな場所で述べている。今回の大震災にもし本人が立ち会っていたら「それみたことか」と一喝したに違いない。

水はタダ、という過去の常識はもはや非常識になった。そこで五十年、百年先を見越した水資源政策が急がれている。

森林伐採がもたらす水資源の破壊や酸素への影響は確かに重大である。一方で、水害防止や都市周辺への飲料水供給のためのダム建設を止めればそれでいい、というわけにはいかない。八ッ場《やんば》ダムがいい例だ。

水を守るために森の木を切らないということと、水を確保するためにダムを建設するということは、相反さない摂理ではないだろうか。

互いに人の命に関わる問題を、両側から補完し合っていると考えればいい。そういう使い分けを、活きた知恵という。

八ッ場ダム　群馬県利根川水系に建設中のダム。神奈川県を除く首都圏一都五県の水瓶として期待されてきたが、民主党は建設途中で中止を決定、議論を呼んでいる。

日々是行政改革。
かつて国鉄がつぶれた原因を考えれば、事業も国家も
行革が成功の秘訣だとすぐ分かる。
赤字路線も無駄だったが、デモ・ストも無駄だった。
困ったことにそのつけだけが国民に回る。

今では行政改革のことを行政刷新というらしい。どう刷新されたのか。国民の目はいつまでも節穴ではない。

かつて笹川は国鉄改革の例を引いて詳しく述べている。国鉄崩壊の原因を求めれば、第一に赤字路線の強引な敷設。第二に人員の不必要な雇用増大。第三が年中行事のデモ、ストによるサービスの低下。さらに運賃の値上げと貨物輸送の競争激化に負けたことなどを挙げている。国鉄の崩壊を進めた責任の一端は、「むかし陸軍、いま総評」とまでいわれた総評指導下の激しい組合運動にもあった。

そこで国鉄瓦解のひそみにならった行革、いや行刷のいま、というのが当面の課題だ。内閣府の「行政刷新」というホームページを開けると、冒頭にその定義が掲げられている。（二〇一一年九月現在）

「国民の目線を大切に、ムダを削減すると共に、活力ある国づくりをすすめます」

とある。民主党内閣は「国民の目線」だとか「コンクリートから人へ」といった意味不明のコピーがやたらに多い。ムダを削るのに文句をいう人はいないが、削ることだけが目的化した国民置き去りの事業仕分けは批判の対象となった。

つまり、改革は少しも刷新されていない。

国鉄（一九四九〜一九八七）　四十万人の職員を抱えた国営鉄道事業体。解体に伴い、約二十万人がＪＲ関連事業に移ったが、残された債務は三十七兆円余という。

人間は借り方になってはいけない。
貸し方になることである。いわんや、恩を忘れるとは
とんでもないことである。
もっと悪いのは、恩を仇《あだ》で返す人間だ。
そういう人物には諫言《かんげん》といって、戒めの忠告をするのも
人徳の内といわれる。

巣鴨拘置所内で戦犯容疑者の待遇改善に汗を流した笹川ならではの逸話がある。

戦後すぐのこと、フィリピンの刑務所に収監されていた多数の日本人死刑囚を解放すべく尽力した日系二世がいた。

占領軍の調査員として働いていた福満実《ふくみつみのる》がその人で、彼がフィリピンのデューキ将軍とかけ合ったところ、将軍は死刑を免除してくれた。

その大恩人ともいえる福満が病に倒れたとき、日本政府は何の見舞いもせず、ましてや勲章も贈らなかったのだと笹川は怒っている。

しかもフィリピン政府の方は先んじてデューキ将軍に勲章を授与したという。日本人多数の命を救ってくれた両氏に日本が勲章を贈らぬとは恩知らずだと指摘した。

そういう政府や指導者に対しては、諫言をして分からせる役目の人物がいなければならないのだとも説く。

昔から、忠臣が君主に仕えるには諫言以上の仕事はない、とまでいわれる。

「君主が誤っているのに諫《いさ》めないのは、忠臣ではない。どうしても聴かれないときは死をもって諫める。君主は諫言を受け入れてこそ、最高なのだ」(『孝経』加地伸行訳)

忘恩の国とならぬよう、大震災に手を差し伸べてくれた国々には礼を尽くしたいものだ。

孝経　中国の孔子の言動を、後世の弟子たちが記した経書。武士から庶民に至る孝の道を説いた書として日本でも江戸時代には広く読まれた。死生観や家族道徳に深く関わったとされる。

火を消すことより、火を消す必要のない防火思想の普及が先決だ。
先生自らが拍子木を叩き、「戸締まり用心、火の用心」の
先頭に立ってくれれば、子供の防火教育にこれほどいいことはない。

恐ろしい火事の話や体験はたいがい子供時代に経験するものだ。子供にとって火事は、生涯の記憶に残るショックな出来事だ。

そういう年頃のうちに、防火の観念を教え込む、そのためには教師が率先して防火訓練に立て、と笹川はいう。

デモをして教室を留守にしているヒマがあったら拍子木でも叩け、と言われてもしかたがないほどかつての日教組はデモに明け暮れていた。

ところが、こんなに火事の多い国がらにもかかわらず、どうしたわけか防火訓練という生活習慣が今はない。わたしが幼い時分にはまだあった。地方によってはやっている所もあるのだろうが、東京では冬の夜に拍子木を叩いて町内を巡回する習慣などとんと見かけなくなった。

調べてみたら「消防記念日」が三月七日で、「119番の日」が十一月九日だと知った。けれど、大きな盛り上がりがあるようには感じられない。

火と水は笹川の最大関心事で、それだけに防火運動には精力的だった。法被《はっぴ》を着て高見山関と出たテレビ・コマーシャルは有名になったが、同時に「売名行為」との非難の火の粉まで飛んできた。それは一九七〇年代のこと。今度は日教組がテレビで「火の用心」をやったら、少しは評価も変わるだろうに。

笹川のコマーシャル　一九七〇年代、笹川良一が主人公を演じるテレビ・コマーシャルが制作された。特に夕方の子供番組で流され、「戸締まり用心、火の用心」「一日一善」「お父さん、お母さんを大切にしよう」という台詞が強烈なインパクトを放った。

一票欲しさのために、実行不可能な放言をする政治家が多い。
かつて江戸時代、治水治山にあたる奉行は生命を賭し、
切腹覚悟で責任を果たしたという。

江戸時代の治水奉行は命がけで任に当たった。そうでなければ藩内の民百姓の生命は守れなかっただろう。

当時の石垣や用水などで、今になっても崩れない立派な仕事を目にすることがあるくらいだ。治水治山は国家百年、二百年の計がなければならない。

くだんの事業仕分け担当女性大臣は、平成二十二（二〇一〇）年十月の仕分けの際にこう言った。

「二百年に一度の大洪水を想定するのは、百歩譲って分からないではないが、全部の完成までに時間がかかりすぎだ」

スーパー堤防はこうしてあっさり切り捨てられた。

「いつまでに整備できるのか、出口が見えない」

とも付け加え、大津波がきたらひとたまりもないだろう東京湾の防潮堤防予算は、数分で流されてしまった。

仕分け側にも言い分はあるだろう。計画書に瑕瑾《かきん》があったのかもしれない。建設年数が長すぎて、その分予算も膨らんだのかもしれない。

だがそれを指摘し、指導し、二百年後の津波に備える覚悟がないなら、江戸時代の奉行を連れてきた方がよほどましというものだ。二百年どころか、彼女の発言から五ヵ月で超大型津波に襲われた。治水奉行なら腹を切って詫《わ》びたに違いない。

スーパー堤防　東京都と隣接県をまたぐ荒川や江戸川水域を、大洪水や大津波から守る目的で計画された大堤防。この構想への予算切り捨てに、石原都知事は猛反対の意を唱えた。

思い起こそう、日本の実力・底力

ＮＨＫは日本を滅ぼす放送局だ。

昭和天皇を武道館にお迎えして、自治体消防三十五周年記念大会が開催されたときのことだった。彼らは取材にはやってきたものの、一コマも放映しなかった。こういうのを「日本に背を向ける放送局」というのである。

阪神・淡路大震災では、ときの総理村山富市や土井たか子が自衛隊急派をためらったために多数の人命が損なわれた。当然のようにＮＨＫも自衛隊を無視した。新潟県中越沖地震でも、自衛隊の活動はほとんど流されなかった。

自衛隊の災害出動さえも見て見ぬふりをし続けてきたＮＨＫが、どうしたわけか東日本大震災に際しては突然のようにニュースに流した。それも、結構な秒数だった。

当然である。菅内閣は自衛隊の応援なしにあの修羅場をしのげるはずもなく、天敵だろうと「暴力装置」（仙谷元官房長官の台詞）だろうとなりふり構わず命乞いをせざるを得なかったからだ。

今回ばかりは、ＮＨＫも自衛隊の活躍を放映した方が人気取りになると判断したのだろう。

ところが、大震災にあたってお言葉を発せられた天皇の映像は、切り刻んだ揚げ句、七時のニュースの冒頭ではなく途中でさりげなく流された。新聞でいえば第二社会面だ。

天皇に対する姿勢と自衛隊への対応がそっくりなのは、今に始まったことではない。

昭和五十八（一九八三）年、昭和天皇が武道館へ行幸され、全国の消防隊員を激励された。命がけで国民を守るために働く人々にお声を掛けられたその映像を、ＮＨＫは取材しながら無視したのである。

「ソ連を挟み撃ちしよう」というドイツの誘いを断って、日本はソ連との中立条約を守った。

にもかかわらず昭和二十年八月八日、ソ連は条約を一方的に破棄して北方領土を占領した。

外交の読み違いは、国の命取りとなる。

外交の読み違いが一国の運命を左右するというのは、古今東西の慣《なら》いだ。昭和十四（一九三九）年八月、それまで不倶戴天の敵と信じられていたドイツとソ連が突然手を結んだ。独ソ不可侵条約締結である。

ほぼ同時にわが国はドイツ、イタリアとの同盟関係を選択、昭和十五年九月、松岡洋右《まつおかようすけ》外相主導により英米を牽制《けんせい》する意図もあって三国同盟が調印された。

半年後の昭和十六年四月、日本はソ連とも日ソ中立条約を結んだ。独、伊、ソ＋日本が組めば英米にも負けないと甘い夢を一瞬描いた。

ところがわずか二ヵ月後、ヒトラーは対ソ不可侵条約を破棄してソ連国境を越えた。電撃的な独ソ戦の開始である。日本の首相平沼騏一郎《ひらぬまきいちろう》は「欧州情勢は複雑怪奇」と言い残し、腰を抜かして退陣してしまった。

案の定というべきか、それから四年後の昭和二十年八月、スターリンは日ソ中立条約を破棄して、満州と北方領土を無法占領した。外交の読み違いのツケは現在進行形だ。

震災に揺れる日本をみてシベリアの資源をちらつかせたり、漁船衝突事件をほっかむりしたまま被災地訪問したからといって、隣国を甘くみてはいけない。

三国同盟　一九四〇年九月、日、独、伊三国が結んだ同盟。調印国のいずれかが第二次世界大戦の参加国から攻撃された場合は相互に援助する取り決めとなっていた。結果的には日本が対米戦争を開始したため、条約の意義は無意味となった。

天皇陛下はご病床にもかかわらず、長雨による全国の稲作をご心配されているという。
陛下が国民の食糧のことを心配され、国民が陛下のご快癒を祈願する。
これが美しい日本のありかただ。

昭和六十三（一九八八）年の秋、昭和天皇のご様態について新聞は連日のように体温や下血の有無と量などを報じていた。

多くの国民はあまりにあからさまな気がして、たじろぎながら不安を抱えて年を越した。崩御が伝えられたのは正月七日だった。

調べてみると、明治天皇の場合も大正天皇の場合も病状の詳細を国民に告知している。明治天皇の危篤に際しては、具体的症状が市内の警視庁各派出所に掲示されたと『明治天皇御一代記』にある。

大正天皇の場合はさらに克明だった。銀座を歩きながら号外を読んだ永井荷風は怒りを露《あらわ》にしている。

「日々飲食物の分量及排泄物の如何を記述して毫《ごう》も憚《はばか》る所なし。飲食糞尿の如何を公表するの必要ありや」（『断腸亭日乗』）

こういう場合、宮中政治家は玉体に対し畏《おそ》れ多いとは思わなかったようだ。

昭和天皇は重篤な病床にあっても、秋の実りを気にされていた。すでに時代は天皇の体を玉体とはいわない。神であってもなくても、昭和天皇が仁徳天皇のひそみにならって「民のかまど」を思うお気持ちに変わりはなかった。

仁徳天皇　第十六代天皇。『日本書紀』によれば、仁徳天皇は人家のかまどから煙が上がっていないことを知り、租税を免じ自らも倹約に努めたとされる。その故事にならって庶民の台所事情を「民のかまど」ともいう。

皇室が国民と苦楽を共にされるお気持ちがあるがゆえに、
悠久の国家安泰が続いてきた。
靖国神社を参拝できない今の天皇はお気の毒である。
また、自衛隊員を直接ねぎらわれることもできないとも聞くが、
はがゆいばかりだ。

昭和天皇が最後に靖国神社を参拝されたのは、昭和五十（一九七五）年十一月のこと。それ以来、今日に至るまで天皇・皇后による靖国参拝はない。

閣僚が靖国に参拝しても「私的ですか、公式ですか」と馬鹿げた質問攻めにあう時代、天皇が参拝できないのは政府と一部マスコミが周辺国に過剰な「気遣い」をみせて圧力を掛けるからにほかならない。いわゆる「A級戦犯合祀《ごうし》」問題があるためともいわれているが、そればかりか、皇室が自衛隊を激励することすら問題にされる。

その兆候は、すでに笹川の生前からあったので、彼は終始嘆いていた。

昭和五十六年十一月、笹川良一が会長をしている「日本傷痍軍人会」と同「妻の会」の全国大会が長崎県大村市にある海上自衛隊内で催され、高松宮殿下、同妃殿下が台臨された。その際、両殿下が隊内にお入りになったことを国会で問題にすると騒いだのは、当時の社会党代議士だった。

今回の大震災で、宮城県を訪問された天皇・皇后両陛下は、ようやく自衛隊指揮官を激励できた。だがお声がけを受けた君塚栄治陸将は県知事、県会議長など多数に混じってのことだった。誰かが目立たぬように「配慮」したに違いない。

天皇が自衛隊を閲兵される日がこなければ、日本は普通の国にはなれないだろう。

A級戦犯合祀　東京裁判のいわゆるA級戦犯を靖国神社に祀ってある、という問題。そもそも何の不都合もなかったのだが、中曽根首相（当時）が一九八五年に公式参拝をして以来、中国、韓国から抗議を受け、以後国内でもマスコミが問題を複雑にしてきた感がある。

皇太子殿下と小和田雅子さんのご結婚を、謹んでお祝い申しあげます。
帝王学の神髄とは、慈悲心強く、一視同仁に扱い、
国家・国民のためには自己を犠牲にすることであります。
このような帝王学を学んでおられる日本の皇室は、
ますますご安泰となり、喜ばしいかぎりです。

平成五（一九九三）年六月、皇太子徳仁親王《なるひとしんのう》は小和田雅子さんと結婚された。お相手の雅子妃は、外交官の父とともに幼少期をソ連やスイスなどで過ごし、さらにハーバード大学経済学部を卒業したという非の打ちどころのない才媛中の才媛。帰国後は東京大学法学部に学士入学し、外交官試験に合格して外務省に入省。間もなく研修留学生としてオックスフォード大学で研鑽《けんさん》を積むという、キャリア組でも稀にみるようなエリートだった。

そんな国際派お嬢様を射止めた皇太子に、国民は新たな期待の夢を膨らませた。帝王学を学んだであろう皇太子と、新しい世界観をもつ妃のご成婚パレードは人の波で埋まり、テレビ中継の最高視聴率が八〇％に及んだということからもうなずける。

笹川はこの年、九十四歳。皇太子ご夫妻の遠い将来に国運を重ねて祈りながら、二年後にはみまかった。

帝王学の神髄について、笹川は深く言及し、繰り返しこだわっている。だが、平成十二年以降、雅子妃は体調不良により公務と宮中祭祀《さいし》への欠席が年ごとに多くなった。笹川が皇統継続問題や公務への適応障害を見聞きせずに済んだのは幸せだったかもしれない。

小和田家　雅子妃の父・小和田恆氏は外交官。外務次官、国連大使などを歴任したのち、現国際司法裁判所所長。母・優美子さんはチッソ元会長の江頭豊氏長女。評論家の故・江藤淳は従兄弟にあたる。

終戦直後、昭和天皇は行幸の折りに罵声を浴びせられても
帽子を脱いで国民に応えられた。
被災者を慰問する天皇の姿は、国民に生きる勇気を与えずには
おかなかった。
それが帝王学というものだ。

帝王学の続きである。笹川は日本の皇室が諸外国の王家などと比べて滅亡しなかったのは、「帝王学を学び、実践されてきたからだ」と考える。

「帝王学は天皇、皇帝、国王だけのものだというのは間違いだ」とも述べている。

関東大震災の折、大正天皇の后、のちの貞明《ていめい》皇后は帝都の被災地一帯を慰問して回った。被災者はまだ真夏着で着の身着のままだと知って、自らも普段着の夏服のままで慰問を続けた。九月末から十二月末まで同じ夏服で通した、との記録がある（『貞明皇后』主婦の友社編）。

帝王学は男子だけのものではなかったのだ。明治天皇の后、昭憲《しょうけん》皇太后にも同じような逸話はあるし、昭和天皇しかり、今上天皇と美智子皇后におけるさらに直近の例を国民はよく見知っている。美智子皇后が膝を折り、ビニールシートの上で幾度となく被災者の手を両手でくるまれた姿は、日本人の胸を強く打った。

また、三笠宮家の長男・寛仁《ともひと》殿下は東松島市の航空自衛隊基地で、救援にあたった隊員たちを激励した。皇族による自衛隊激励は戦後の前例からすれば異例だったろうが、勇気ある帝王学の実践だ。

こうした連綿と続いてきた皇族、とりわけ皇后の役割の大きさを思うとき、この先の不安を覚えるのはわたしだけなのだろうか。

貞明皇后（一八八四〜一九五一）　大正天皇の皇后で、旧名九条節子《さだこ》。蚕糸業発展やハンセン病予防事業に尽くした。天皇が病弱だったため、四人の皇太子の教育に積極的に関わったとされる。質素な生活を貫き、宮中祭祀を大事にした。

昔の捕り物の芝居で御用提灯を持つのは
与力・同心といった町役人の仕事。
ところが、田中角栄邸への「御用提灯デモ」の先頭に立ったのは、
社会党委員長だった。
社会党や労組が「御用！」だなどとは情けない。
これじゃ立派な野党になれっこない。

立派な野党どころか、国じゅう挙げての大騒ぎだった。昭和五十八（一九八三）年一月、ロッキード裁判で検察側の論告求刑があった晩のことである。

社会党や総評に動員されたデモ隊が御用提灯を持って、「田中角栄、御用だ！」などと叫んで目白の田中邸前で気勢を上げた。その先頭に立っていたのが、当時の飛鳥田《あすかた》一雄《いちお》社会党委員長。

翌朝の新聞はこぞってこのデモを大きく扱い、田中有罪が確定したかのような扇動的記事で埋められた。もはや、人民裁判のような光景だった。

裁判の行方はまだ見えない時期だったが、すでに田中はこうした勢力によって抹殺されていた。それが、ロッキード裁判の恐ろしさでもあった。

わたしはこの事件の真相を知るほどの資料を持ってはいないが、事件の裏にただならぬ問題が潜んでいたことは嗅《か》ぎ分けられる。

コーチャンというたった一人のアメリカ人の嘱託尋問が決め手で有罪となり、田中は平成五（一九九三）年に決着をみることなく死んだ。

最高裁はのちにこの嘱託尋問の証拠能力を否定したが、判決が変わることはなかった。なんと、能力のない証拠で有罪にしたまま、幕は閉じられたのだ。

嘱託尋問　証人が外国にいる場合、裁判所の嘱託によって行われる尋問。この場合、ロッキード社のコーチャンとクラッターは東京地検から「証言しても起訴しない」との約束を取り付け、アメリカ人裁判官の尋問に答えたものである。

覚醒剤を使用していて心神耗弱だったとか、酒に酔っていて分からなかった、という理由で減刑されては被害者は救われない。
少数悪人の人権を擁護し、
多数善人の人命を軽んじるような判決は正義を滅ぼすだけだ。

福岡県の海の中道大橋で起きた飲酒運転による死亡事故（二〇〇六年八月）は、社会的に大きな注目を集めた。

酒に酔った男の車に追突された会社員の車には三人の幼児が乗っていたが、三人とも博多湾に転落死亡する、という悲惨な事故だった。

この事故の第一審福岡地裁判決は、業務上過失致死傷罪のみで、懲役七年六ヵ月。二審の福岡高裁は、危険運転致死傷罪と道交法の併合適用でようやく懲役二十年の判決を下した、というもの。

まだ記憶に新しい。

さて、酒に酔って幼児三人を死に至らしめた結果がこれで、国民感情は納得するものだろうか。

かつて、土田国保警視庁警務部長（のちに警視総監）の夫人が過激派による時限爆弾で死亡した事件が起きた。（一九七一年十二月）

この裁判でも過激派の容疑者は、証拠不十分のまま無罪で終わっている。

同事件の判決について笹川は「裁判所は手ぬるい。政治家は法を改正して犯罪者を厳罰に処するべきだ」と嘆いている。

口先だけの平和論、空念仏では平和は確立できない。
わたしは「世界は一家、人類みな兄弟姉妹」主義で、相互扶助の精神を提唱してきた。
敵味方、お互いに助け合う救済でなければならない。

自己を犠牲にしてでも困っている人を救う、というからには見返りを期待してはならない、のが前提だろう。

昔は、富裕な貴族や資産家は寺に寄進をしたり、仏像を造ったりした。それで自分が救われる、と考えてのことだった。

つまり、見返りを計算しての寄進や善行だったともいえる。それでは本当の徳を積むことにはならないというのが、仏法の教えだ。

親鸞によれば、究極の徳を積むというのは阿弥陀仏《あみだぶつ》に絶対的に帰依《きえ》すること、すなわち「他力本願」が正しい、とも。

「他力本願」は現代では「他人依存の成り行きまかせ」の意として使用されるが、本来は違った。親鸞の弟子・慈円が良寛（慈円の弟子）を諭す場面がある。

「他力の信心と申して、お師匠様のお開きなされた救いの道でございます」（『出家とその弟子』倉田百三）

ここでいう「他力」とは、自分の善行などによって自力で救済を獲得するのではなく、阿弥陀の願いの力により救われることを指す、と同書の脚注にある。

親鸞　浄土真宗の宗祖といわれた鎌倉時代の僧侶。法然を師と仰ぎ、その道を継承し高めたとされる。
倉田百三（一八九一〜一九四三）　大正から昭和期にかけて活躍した劇作家。親鸞とその弟子唯円を描いた戯曲『出家とその弟子』が有名だが、日蓮宗の影響から国家主義者になったことはあまり知られていない。

昔は自分のカネだけで政治資金をまかなっている議員が多かった。

遂に窮乏し、屋敷を抵当に入れ、残るは井戸と塀だけという議員を「井戸塀議員」といったものだ。

貧しくても、根性と責任感は昨今の議員とは比べものにならない。

笹川は戦中から終戦直後までの三年半ほど、衆議院議員を務めた経験がある。昭和十七（一九四二）年四月の第二十一回衆議院議員総選挙だった。

軍部と東条内閣に恭順の意を表した政治家だけに推薦状が与えられ、多額の選挙資金が渡される仕組みで、翼賛選挙と呼ばれた。

当時の笹川は東条内閣からは睨《にら》まれている「国粋大衆党」党首だった。ために推薦状はおろか、選挙妨害に抗しながらの選挙戦だった。

ちなみに、このときのポスターに掲げられていたスローガンが「一億兄弟各位」だ。のちの「人類みな兄弟姉妹」の原型とも考えられる。

かつての議員は秘書、自動車、宿舎、事務用品などすべてが自己負担だったという。政治資金にカネを使い果たした者は、貯金をはたき、屋敷を抵当に入れ、ついに残るは井戸と塀だけ、というので「井戸塀議員」などと揶揄《やゆ》もされた時代があった。

揶揄されても貧しい政治家が恥ずかしいということはなかった。

蓄財と権力欲に凝り固まって、責任は秘書に負わせる昨今の議員より、よほど清廉ではないか。

かつての共産主義国や発展途上国には、
食糧や生活物資さえ滞っているのに軍事費ばかり増やす国がある。
こうした国にＯＤＡ（政府開発援助）を支出するのは
本末転倒ではないか。

ODAとは先進国が発展途上国に対して出資する国際貢献のこと。多国間援助と二国間援助の二種類あるが、累積で日本が二国間援助をもっとも多く支出しているのはご存じ中国に対してだ。多国間援助も併せると、日本が中国に援助してきたODAの総額はすでに六兆円を超えている。

人権問題に加えて、軍事費の膨張を続ける中国へのODAには近年ようやく再検討すべきという声が上がってきた。

ところが先年着任した丹羽宇一郎中国大使は、さっそく対中ODAを増額するよう外務省に意見具申をしたのである。商社出身の大使が日本企業への見返りや、中国首脳の顔色をうかがってのことだと容易に推測できる。

尖閣諸島沖での漁船衝突問題は謝らない。毒入り餃子や農薬まみれの野菜をさんざ輸出しておきながら、今度は日本食品輸入に待ったを掛けた。隣人が崖っぷちに立っているとみるや、さらに追い落とそうとするやり方だ。

平成二十二（二〇一〇）年には日本のGDPを抜いて、経済大国になった国になぜ援助をしなければいけないのか。

笹川は二十年も前にそれを喝破していた。

尖閣諸島問題　沖縄県石垣市に属する尖閣諸島に対し、中国や台湾が主権を主張している問題。二〇一〇年九月、中国漁船が日本領海内で操業し、海上保安庁の巡視船に衝突する事件が発生した。

人権尊重は結構である。
だからといって死刑廃止を叫んだり、
法務大臣が刑の執行を躊躇《ちゅうちょ》するのは筋違いもはなはだしい。
人の命を奪ったら、自らの命でつぐなうのは当然のことだ。

死刑の執行が新聞などで伝えられるとすぐさま死刑制度廃止の声が再燃し、さも当然のように騒ぎ立てる新聞がある。

もし、死刑廃止論者の子弟や妻が惨殺された場合、それでも犯人の人権を尊重して助命を求めるだろうか。

犠牲者やその家族のことを思えば、殺人犯を八つ裂きにしても飽きたらないはずだ。

表向きの顔だけ「人権」をかざして、安っぽいヒューマニズムに酔っているだけではないのか。

先に紹介した福岡県の飲酒運転事故は幼児が三人殺されて「二十年」だった。現行法では精一杯の刑らしいが、それなら法改正をする議員が出てきて欲しい。市井《しせい》の正義を守るのが刑法ではないか。

光市母子殺害事件は母親と幼い乳児が殺害され、世間を震撼《しんかん》させた事件だった。強姦致死と殺人容疑で起訴された第一審は、無期懲役。

被害者の夫が孤軍奮闘、高裁でようやく死刑判決が言い渡されたが、現在は最高裁で審理中である。

死刑廃止論は著しく社会正義に反し、凶悪事件を助長しかねない。

法律とか制度というものは、そもそも人間あってのものである。

法律あっての人間ではない。

だから、法さえ犯さなければ何をやっても構わない、というのでは人間とはいえないのだ。

家が栄えたり滅びたりするのも、物欲から人の道に外れるのも、すべて人の孝と不孝によるものだと井原西鶴《さいかく》は書いた。

西鶴は江戸時代に生きた人々の物欲に視点をおきながら、町人生活を活写した。綿密な取材を重ねた上での作だと思うが、金銭や財産をめぐっての盛衰や官能の極みを巧みに描いた。

その西鶴の物語は、当時のお上による裁きとは無関係にさまざまな人間ドラマを展開する。たとえば『親子五人仍《よつてかき》書置件《おきくだん》の如し』（『現代語訳西鶴全集』八、暉峻《てるおか》康隆訳）など、総じて孝行や不孝による家庭内トラブルをテーマに選ぶ。

江戸時代の孝についての教えは、庶民道徳の筆頭でもあり、一種の生活の基盤でもあった。それが政道にも影響し、秩序が生まれていたと考えられる。

人間社会の規範を破れば、一定の裁きを受ける。生物社会の道理である。反対に、孝行を積めば表彰された。

表彰の慣習は明治天皇の后・昭憲皇太后にまで受け継がれ、孝子（親孝行を実践した者）と節婦（既婚婦人の道徳実践者）を表彰したとの記録も残っている。

まさに、法の前に、人の道ありだ。

井原西鶴（一六四二〜一六九三）　江戸時代の人形浄瑠璃や浮世草子の作者。『好色一代男』『好色一代女』などが代表作とされる一方で武家物、町人物には機知や人情に富んだ作風が感じられる。

不公平な裁判ほど国家のためにならないものはない。
私憤によって騒ぐ団体や組合は費用も十分あるが、
個人では印紙代もままならない。
民法、刑法問わず、あらゆる面で裁判の公平を願うものである。

ロッキード裁判過程における「御用提灯デモ」の愚を笹川が嘆いたことは先に紹介した。その後昭和五十八（一九八三）年十月、東京地裁は検察の主張を認め受託収賄罪などで、田中角栄被告に懲役四年、追徴金五億円の有罪判決を下した。

受託収賄というのだから贈賄側はどうなんだ、というのが公平な考え方だろう。贈賄側のロッキード社のコーチャンは証言しても免訴される、という条件で喋《しゃべ》ったものである。

したがって、賄賂を渡した側は無罪放免、お構いなし、という結果に終わった。田中角栄は、「判決では嘱託尋問で聞いたコーチャンの証言ばかり採用されている。こんな馬鹿なことが通ったら、誰でも犯人にされてしまう」（『田中角栄の真実』木村喜助）と怒りを隠さなかった。

笹川も怒っている。

「贈賄者が罰せられずに、収賄者だけが処罰されるようでは、もし産業スパイが日本を買いにきたらどうするか」

免訴で証言だけを採用するなら、買いにきたスパイを贈賄者として起訴できなくなる。もし起訴すればコーチャン免訴と大矛盾をきたすではないか、と法の不平等を突いた。

アーチボルド・コーチャン（一九一四〜二〇〇八）　米ロッキード社の元副会長。スタンフォード大学で修士号取得後、ロッキード社の筆頭副社長、社長などを務める。一九七六年までの在任中に、トライスターの開発、売り込みを指揮。刑事免訴を条件に同事件の贈賄側証人となった。

北方領土の無条件、四島一括返還はわが国の基本姿勢だ。領土問題をあいまいにしたままの「日ソ平和条約」締結などもってのほかである。

笹川はソ連が四島一括返還するまでは絶対に訪ソ要請を受けない、と断言し続けたまま他界した。

北海道根室半島沖にある、択捉《えとろふ》、国後《くなしり》、歯舞《はぼまい》、色丹《しこたん》の四島はもとより日本固有の領土だったが、昭和二十（一九四五）年八月、スターリンが日ソ中立条約を破棄していきなり占拠してしまった。

終戦直前の混乱に乗じた、火事場泥棒といっていい。

ソヴィエトからロシアに体制が変わっても、四島への実効支配はますます強くなる一方で、昨今ではロシアの閣僚級が次々訪れるなどの挑発行為を繰り返している。

日本側もすっかり弱気になって「まず二島先行返還」などという二段階論が出回っているが、裏を返せばこれはロシアの謀略に違いない。

先方は「二島＋α」などと日本の反応を試すエサも用意したりする。狡猾《こうかつ》さでは一枚上手だけに、拙速は戒めなければならない。

ここまで「四島一括」以外では妥協せずにきたのだから、今さらあわてることはない。

「領土交渉で弱みを見せたら負けだ」という笹川の言葉は鮮烈に生きている。

ヨシフ・スターリン（一八七八～一九五三）　元ソヴィエト連邦の最高指導者。レーニンから権力を受け継ぐと政敵を次々に抹殺し、独裁恐怖政治を断行。処刑、虐殺を繰り返した。

シベリア抑留者をいよいよ帰すに際して、ソ連は戦争の責任は天皇にあり、戦犯である、と記した文書に署名をさせた。

しかし近衛文隆中尉は、ラーゲリにいてこれを拒否。

ゆえに帰国できず、シベリアで骨となった。

昭和三十一（一九五六）年秋、日ソ共同宣言の調印により、シベリアに抑留されていた多くの日本人がようやく帰還できるようになったときの話である。

抑留者全員がナホトカから興安丸で舞鶴へ向かっていたころ、近衛文隆（近衛文麿の長男）はひとりモスクワから二百キロ東にあるイワノヴォ収容所で息を引きとった。

ソ連軍の幹部が連日のように近衛を責めた。

「おい、プリンス。どうだ、決心がついたか。我々に協力してサインするか。スターリン閣下の偉大なる業績と恩情に感謝し、宣伝すれば帰してやれるのに」

そう言われても近衛は、首を横に振った。

「わたしは祖国と家族の側に立ちます」

最終回答を返した近衛中尉は、それからほどなく健康に異常をきたすようになった。病室に移されたが症状は急速に悪化して、高熱を発した。女医がきて注射を打つと脳出血を起こし、意識不明となった。わたしはかつて文隆氏の弟・通隆《みちたか》氏に死因を尋ねたことがある。

「ええ、毒殺されたと聞いています」

昭和十九年秋、新婚のまま引き裂かれた妻の正子さんは、生涯を独身で通してきた。

近衛文隆の不屈の意志は、いまこそ尊い。

シベリア抑留　終戦時にソ連軍によって、軍民合わせて約百七万人が強制的にシベリア各地に抑留された。うち死亡者は五万三千人（日本政府の名簿）だが、専門家の研究によれば少なくとも二十五万人以上が死亡した、との調査報告がある。ポツダム宣言違反であることは明白。

マスコミは満州やアジア諸国を日本が侵略したと宣伝しているが、
これは悪質な売国行為である。
隣国へ行って火付け役をするのは日本のマスコミだ。
日本人による購読料、広告料で経営していることを
忘れてもらっては困る。

笹川が韓国を訪れたときのことだ。

ジャーナリストに囲まれた笹川は次のように問われた。

「日本の有力新聞とテレビが、戦争慰安婦問題や侵略をやったのは確かに日本が悪かった、と言っています。教科書にもそう書いてあるんですから正しいんでしょ」

そこで笹川は、「貴国が教科書問題で怒っているのは、北朝鮮を利するところであるから、北のためにやるのであればしっかりおやりなさい」と忠告した。

すると韓国側は、「日本のマスコミが問題にしなければ、我々は知らなかった。文句のつけようもなかったのに、日本の新聞が騒ぐから、立場上黙っているわけにはいかないのです」と本音を吐いた。

笹川が元気だった時代から、日本のマスコミは隣国へ行っては「悪いのは日本だった」と、火を付けて回ってきた。

悪いのは新聞だけではない。教育現場も日本を悪者にしてきた。学校では日本人の誇りを教えない。

家族愛と郷土愛と祖国愛は不可分で、三拍子そろって国に誇りがもてるのだ。今の新聞も教科書も「戦争につながる」という理由で祖国愛をすっ飛ばす。

今回の大震災は、この三つの愛がそもそも一心同体だったことを思い出させてくれた。

人を殺せば死刑になるのは当然である。

ところが、精神障害だ、アルコール依存症だといって減刑されては、法に抑止力がなくなる。

保安処分を導入して、被害者の人権を守ることも政治家の責任ではないか。

通り魔による殺傷事件が増えている。増えているといっても、通り魔事件は大昔からある事件で、なにも目新しいことはない。

目新しいのは、犯人を逮捕してみると精神障害があったとか、酒を飲んだ勢いで殺意はなかった、とかいう理由がついて減刑されるケースが増えたことにある。

これをどうやら人権尊重というらしい。

では、被害者側、殺された側の人権は酔っぱらいより軽いのか、といいたくなる。

そこで検討されているのが少年法のさらなる改正や保安処分導入なのだが、これが通らない。特に性犯罪や薬物中毒は再犯性が極めて高い例が多いため、保安処分の効果が期待されているが、通らない。

なぜ通らないかといえば、日弁連（日本弁護士連合会）という弁護士の巨大組織がその度に大反対の闘争を繰り広げるからなのだ。

ちなみにそうした「人権派」の運動とは、「刑法『改正』を許さない粉砕闘争委員会」とか、「監獄法改悪を許さない全国連絡会議」とか、「保安処分阻止百人委員会」といった強烈な名前のついた集会である。

全共闘活動家のまま法曹界に入ったような人たちによって支配されているのが実情のようだが、これではまっとうな国民の生命は保障されないといっていい。

保安処分　刑罰とは別に、犯罪原因を取り除く治療、改善を与える処分を指す。犯罪に対する抑止力や防止策として導入が検討されているが、強い反対意見があって実現しない。加害者の人権が優先されているのが現実である。

私利私欲にはしるガリガリ亡者は、一時期は成功しても、
最後には必ず滅びる。
一升枡《ます》に二升は入らないのだ。

「驕《おご》れる者も久しからず、ただ春の夢の如し」と昔からいう。『平家物語』からとった教えである。

人間、身の丈に合った生活をしないと、最後はろくなことにならないぞ、という戒めでもある。

子供のころ、母親によく言われたのが、笹川も言う「一升枡にゃ、二升は入らないんだよネ」である。何か失敗するたびに頭ごなしに言われた記憶がある。わたしの出来が悪くて、ふがいないのでそう言われたのだろうが、当時は理解できない。

一升枡は人のキャパシティとか、スケールのことだが、金銭感覚がずれて落魄《らくはく》した場合にも使われる。

「朝顔の花、いっとき」

などという美しい表現もある。

古来よりそうした訓戒は多い。

生きる上での、最低限の知恵を代々伝えたものだろう。

金銀財宝をいくら持っていても、死んであの世にもってゆけるものではない。別荘や高価な骨董品があっても、死と同時に身から離れる。

だからそんな贅沢をするより、意味あるカネの使い方をした方がよほどいい、というのが笹川の考え方だった。

死んだ子猿をいつまでも抱きかかえている母猿の写真を見たことがある。
昨今では、簡単な理由からわが子を殺すような親もいる。
この際、母猿を見習ってもらいたいものだ。

生活の邪魔になる、という理由から、わが子を殺して捨てるといった事件を昨今よく聞く。

笹川はかつて別府の高崎山で、死んだ子猿がミイラになっても離さなかった母猿の写真を見て感動した。子猿が臭気を発して、ほかの猿が寄りつかなくなってもその母猿は屍《しかばね》をしっかり抱いて離さなかったという。

ところが人間社会ではどうだろう。日常から親子の情感が希薄になったのか、親世代の情操教育がなされなかったせいなのか。

分析は専門家に任せるが、分かっていることは家庭でも学校でも子育てや親孝行の重要性を教えなくなった事実である。

昔の川柳にこんなのがあった。

子宝の多きに末はいざ知らず　まづは当分かかる貧乏（西沢一鳳《いっぽう》）

貧乏なんて楽しめばいいのだ、と解釈すれば叱《しか》られるだろうが、子宝の多い今は大変かもしれないが、将来は「いざ知らず」と、恬淡《てんたん》としている。

最近は、子守歌を母親が歌わなくなったのも影響がありそうだ。

地方地方には歌い継がれた美しい子守歌がある。それを大切にして、静かに子守歌を歌ってみてはどうだろうか。


西沢一鳳（一八〇二～一八五二）　江戸後期の歌舞伎戯作者。ほかにも狂言・狂歌師として活躍。大坂歌舞伎執筆ののち、江戸に移って歌舞伎の脚本、紀行文、川柳などを残す。

子孫に美田を残さず

わたしの家には高価な宝石類や骨董品があると思われているかもしれないが、とんでもない。

宝石や現金は銀行の貸金庫に預け、家にあるのはイミテーションの宝石だけである。

骨董は好きじゃないから所持せず。

現金も五万円以上は家に置かない。

用心に越したことはない。備えあれば憂いなしだ。

というわけで、笹川の家には泥棒は頼んでも来てくれないのだ、と自慢する。

現金は貸金庫に一旦入れるものの、貯め込む性格ではない。戦後は戦犯の留守家族を面倒みたり、慈善事業につぎ込んだりとどんどん使った。なくなると株で儲けては埋めておく。実に回転が早い。回転金庫があるようなものだ。

そんな笹川にも一つ弱点があった。正妻にはできない「東京の奥さん」（鎮江さん。戸籍上の妻は大阪に住む一江さん）には、彼も頭が上がらなかった。

したがって、鎮江夫人は宝石から着物まで豪奢な支度をしていた。特に百円玉級のダイヤモンドは二個もあった。

加えて、「お世話になりました」と児玉誉士夫が持ってきた大きな猫目石《キャッツアイ》も二個あった。

平成七（一九九五）年、笹川が亡くなり、その約七年後に鎮江さんも亡くなった。

そこで相続税のために鑑定をする段になり、件《くだん》の宝石類が並べられた。

ところがごく小粒の宝石を除いて、大部分の大きな宝石類はニセモノか、価値のない代物だった。

しかしバカ高い相続税はすでに支払い済みだったという。

つくづくとわたしは思う。

備えなければ憂いなし、である。

強い子供に育てたかったら、優勝劣敗、信賞必罰が肝要だ。
運動会の徒競走に差をつけないのは、逆効果である。
たとえ勉強ができなくても、
足の速い子を大いに誉《ほ》めるようでなくてはダメだ。

運動会で一等賞、二等賞などの差をつけなくなってどれほど経っただろうか。

全国一律にやめたわけではないが、大多数の運動会から順位づけが消えた。

「ゆとり教育」とかいう教育方針が大いに影響したのだろうから、昭和五十五（一九八〇）年ごろに始まったと思われる。

足の速い子供は、ゴールが近づくとゆっくり走って遅い仲間と一緒にテープを切る。算数なんかできないが足は速い、という子にとって唯一の見せ場なのに、それがかなえられない。

みんなと一緒。男と女の差も、かけっこの差も認めない。

そんな教育が今の方針だという。

楽しみなお弁当さえ、親子別々という学校さえある。なんという悪しき平等主義、なんという悪しき過保護。

わたしは子供のときから足はのろかったけれど、足の速い友達を恨んだりはしなかった。当たり前だ。誰でも自分が得意なものが何かひとつあればそれでいいのだから。

できない勉強はできなくて結構。釘打ちがうまい子がいて、魚採りがうまい子がいて、足の速い子がいて、それでいいのだ。

ゆとり教育　一九八〇年以降実施された教育方針で、子供が「やりたいことだけをやればいい」という日教組の方針に従ったもの。結果は、学力低下と無気力を生み出した。

子供を甘く育てれば、強い子は育たない。
だから、わたしのモットーは「子孫に美田を残さず」である。
荒海の岩石の上に立つ木が風雪にも耐えて育つのは、
強風にさらされて強い根を張るからだ。

幼いときの両親の躾《しつけ》の厳しさがよほどこたえたものとみえて、笹川はことあるごとに「鬼父鬼母のごとくだった」と書き残した。

だが同時に、その厳しさがなければのちの自分はなかったろうと、感謝もする。

幼児期、厳寒の土間で火鉢に手をかざせば、「この子を裸にして、雪の中に放り出せ。子供は風の子、何を甘えるか」と父に怒鳴られた。母は命じられて、井戸水を頭から何杯も掛けたという。なるほど鬼のような両親に思えただろう。笹川は自分の子供にも厳しく接した。

小遣いはなし。家じゅうの掃除洗濯を朝からやらせる。揚げ句の果ては「子供には財産をいっさい残さない」と宣言し、有言実行。

葬儀のあとに清算すれば、残ったのはほんとうに借金だけだった。だから税金もかからない。

西郷隆盛の漢詩に「児孫の為に美田を買わず」とある。子供に財産を残すと、精神が安逸に流れやすいとの戒めである。

西郷サンよりだいぶ前、儒学者の貝原益軒もほぼ同じことを『養生訓』で記しているので、古人共通の知恵だったのだろう。

「子孫に美田を残さず。私の遺言はそれにつきる」

笹川良一は、そう言い残して平成七（一九九五）年に九十六年の生涯を閉じた。

西郷隆盛（一八二七〜一八七七）　薩摩藩士、幕末、維新の政治家。江戸城無血開城に成功するが、のちに征韓論を唱え政府と対立し下野。西南戦争を起こして敗北、自刃。

貝原益軒（一六三〇〜一七一四）　江戸中期の儒学者。医学を学び『養生訓』を著す。

ワインの味をよくするために酒には防腐剤を入れたりする。
かつては日本酒の防腐剤にサリチル酸を用いるのが当たり前だったが、
「インキン、タムシの治療薬を使うわけにはいかん」といって、
わが家では使わなかった。

サリチル酸というのは本来、鎮痛剤に使われてきた薬品である。強いまま使うと胃に穴が空くともいわれるが、酸性を弱めればアスピリンとなって一般に飲まれるようになった薬品である。

一方で、日本酒の防腐剤としての効用もあることから、明治以降サリチル酸がよく使われた。笹川の家は酒造業だったが、父が母に話している言葉を記憶しているという。

「サリチル酸はインキン、タムシの治療薬だ。お客にそんなものを飲ませるわけにはいかない」

笹川の父はそう言って、サリチル酸を使わなかった。

わたしは寡聞《かぶん》にしてサリチル酸とインキンとの相関関係を知らないが、防腐剤としてそのような薬品を使うのは道義的に許せなかったのだろう。たとえ酒が腐り、損が出ても使用しなかったという。

インキン、タムシになるのではなく、その治療薬なのだからいいではないか、という考えもあろうが、世界保健機関（ＷＨＯ）の勧告や国内世論の反対運動もあり、近年では使用禁止となっている。

孫と遊ぶのが楽しくなったら、人生オシマイだ。
棺桶を用意した方がいい。
わたしは孫を抱いたこともない。

孫が可愛《かわい》くない人はまずいないだろう。それはいい。困るのは、相手に誘いをかけて自分の孫自慢を「待ってました」とばかりに始める年寄りである。

孫の話題になるような誘い水を向ける人が、結構多い。

写真でも、おもちゃでも、絵本でも何でも構わないのだが、相手の目に付くようにして孫の話題に引きずり込むオバサン。

「大震災のとき、お宅、水は大丈夫でしたか」なんて聞いておいて、

「ウチじゃね、孫が小さいので軟水の確保が大変で」

と言ってから、孫がなかなか出来がいいという話に持ち込む。これはタクシーの運転手サンに多いタイプで、二十分以上乗ると閉口する。

笹川は孫に会うのは年二回。全員に三十分の正座をさせ、それまで菓子も出さない、と決めていた。

「君子は孫二十日」といって、賢人が孫を可愛がるのは生まれて二十日間くらいで、あとは放っておくのをよしとした。

「兄弟十日、孫二十日」「女房百日、馬二十日」。

女房と馬を並べるのはいかがなものかと思うが、要は何ごとも溺愛《できあい》はいけない、ということである。

原因のない結果はない。
いま艱難辛苦があるとすれば、それは先祖からの因果応報が
関係しているからだ。
いまから果報をつくせば、幸福は必ずめぐってくる。

因果はめぐる、とはよく聞く言葉だが、仏教の基本概念のようだ。

因果は過去だけのものではない。

現在の業《ごう》に応じて未来の果報が生まれるのだともいう。

業＝カルマなどというと何やら怪しげだが、もとはといえばお釈迦さまより以前からあった思想に基づくらしい。

笹川は少年時代、村にある浄土宗の寺に預けられ、そこで厳格な住職に躾けられた経験をもつ。

『菜根譚《さいこんたん》』などさまざまな古典を学んだので、そうした仏法が身についた、とは本人の弁。人に限らず、鳥類、獣類、草木にも等しく慰霊法要をするのが彼のならいだった。

老眼鏡の世話にもならず、階段を駆け足で上れるのも、世のため人のために善行を施すお陰だと説く。

加えて笹川は数え切れないほどの女性にも徳を施した。関係した女性たちへの慰霊法要も欠かさなかった。

それもまた因果応報、果報というわけである。

菜根譚　中国の古典の一つ。儒学者によって広められ、宮仕えや処世術の極意を説いた人生の指南本とされる。笹川良一のほかに、五島慶太、吉川英治、川上哲治などが愛読して話題になった。

生命、身体、財産保全の心を育てるには、幼年消防隊結成が一番良い。

子供たちが、

「僕たちは火遊びしませんから、大人の皆さんも寝たばこ、くわえたばこはやめてください」と言ったほうが効果絶大なのだ。

火事に限らず消防の役割は、国民の生命・財産を守るために日常の最前線に立つものだ。火災、水害、山崩れ、遭難救援、救急医療などの活動と住民避難・保護が義務づけられている。

そうした消防隊員の重責にもかかわらず、どうも一般国民の消防への理解度はあまり高いとはいえない。困ったときだけ思い出す。

火事のときは誰でも119番だ。急病のときにもお世話になる。

そこで笹川は幼年消防隊という全国組織を立ち上げ、消防意識を幼いうちから育成しようと考えた。子供のときから消防に興味をもてば、防火や救援の意識が涵養《かんよう》されるからだ。

一九七〇年代、笹川はテレビ・コマーシャルを使って子供への消防意識普及を図った。四十代以上くらいの方々は記憶にあるだろう。高見山と笹川良一がマトイをかざしながら町内を練り歩く映像を。

「戸締まり用心、火の用心　一日一回よいことを　ニコニコ　ニッコリ　日曜日」

このCMを「右翼の売名行為」だとして嚙《か》みついたのが当時の日教組だった。

だが、かつての幼年消防隊員たちが成長して、今回の大震災の救援に力を尽くしてくれたに違いないとわたしは思う。

ウソをつくと、エンマ様に舌を抜かれる——
子供のころ、これほど恐《こわ》い教えはなかった。
地獄で舌を抜かれる絵まで見せられたものだ。
そういう生きた教育も捨てがたい。

エンマ信仰がある寺社などで、子供のころ確かに恐い顔をしたエンマ様を見たことがある。極彩色に塗られた古色蒼然たる地獄絵図なども添えられていて、夜中にうなされそうだった。エンマとは仏教にもヒンズー教にも登場する地獄の主といわれ、インドから中国を経て日本に伝わってきた。

さまざまな民間伝承が生まれたが、子供が嘘をつかないように「嘘《うそ》をつくとエンマ様に舌を抜かれる」というのが一番効き目があったようだ。

「嘘を言えば地獄へ行く」という言い方もある。地獄へ落ちれば、エンマ大王が待っていて舌を抜く、と。

近ごろはあまり見聞きしないが、恐ろしい絵などを子供に見せて、嘘退治に役立てる生きた教育があってもいいのではないか。

余談ながら、エンマ様は実はこんにゃくが大好きで目がないという。

こんにゃくを供えると眼病が治る、という言い伝えもあるが、嘘も勘弁してもらえるのだろうか？

最近の子供は歴史上の人物をほとんど知らない。
スポーツ選手を好きになるのも悪くはないが、
偉人の伝記を読ませる工夫も必要だ。
教材に西郷隆盛や福沢諭吉を使わない教育は破滅する。
子供を鍛えよ。

この国は自国の正しい歴史を教えることを放棄してきた。

だから歴史上の偉人を学校で教えることはほとんどしない。いや、抹殺さえした。

ゆえに、子供たちは西郷隆盛と聞いても、上野公園の前にでも住んでいない限り誰もその名を知らない。

慶應義塾の前に住んでいる子でも、福沢諭吉を知らないのではないか。

教えないからだ。

テレビで坂本龍馬をやれば名前を覚える子もあろうが、あれでは歴史を正しく教えたとはとてもいえない。

福沢諭吉は、すぐに役立たない学問は後回しでよい。いますぐ日常に必要なもの、すなわちイロハを習い、算盤《そろばん》を稽古し、天秤《てんびん》がかつげるような実用学がいいのだ、と説いた（『学問のすゝめ』初編）。

学問とは、ただ難しい字を覚えたり、和歌を詠み、詩を作ることではない、そんなことばかりやっていれば身上（財産）を減らすぞ、と警告した。

子供の鍛え方は、いま一度真剣に考え直す必要がある。

福沢諭吉（一八三五〜一九〇一）　明治期の啓蒙思想家。「一身独立・一国独立」や自由平等を唱え、「強い日本」を目指す論陣を張った。慶應義塾の創設者。

何ごとも先手必勝が肝心。
後手に回れば、「葬式済んでの医者ばなし」となる。
事業成功の秘訣はこれに限る。

事業成功の故事来歴には漢籍の中から選ばれたものが多い。

若くしてそうした素養を身に付けた笹川の一句に「先手必勝」がある。誰もが知ってはいても、なかなか実行できない言葉だろう。

同じ手を打つにしても、人より早く打つか、遅れて打つかで、事業の結果は大違いとなる。初対面だったら相手が年下、格下でも先に名刺をサッと出す。待ち合わせには絶対に遅れない——などがサラリーマンなら必須だろう。

「先手必勝」の出典は、中国の歴史家・司馬遷《しばせん》が著した古典『史記』による。

『史記』には、「先んずれば則《すなわ》ち人を制し、後《おく》るれば則ち人の制するところとなる」とある。

ほかに事業成功の条件として、笹川や松下幸之助がよく挙げる心構えには、以下のような文言がある。

主導権を握れ——「よく戦う者は、人を致して人に致されず」（孫子）

集中力を持て——「石に立つ矢」（史記）

危険をおかす——「虎穴に入らずんば虎子を得ず」（十八史略）

断固たる決意を——「断じて敢行すれば鬼神もこれを避く」（史記）

事業は競争心を失ったら負けだ。二番を目指したら、一番にはなれない。

司馬遷　中国前漢時代の史家で、『史記』を残した。のちに皇帝の逆鱗に触れ、宮刑（男性器の切除）を受け宦官《かんがん》となった。屈辱的な刑を受けた司馬遷は、人生の残りを『史記』編纂にかけたとして知られる。

義理と人情と親孝行。
これを初等教育から教えない教育改革なんか、三文の値打ちもない。

庶民道徳の要ともいえる親孝行は、なにも法律で決まっているわけではない。世の中には遵守しなければならない約束がある。企業用語ではコンプライアンスなどというが、それはどうでもいい。

要は人間社会のきまりごとを、守るか守らないか、という話だ。

江戸の昔、『二十四孝』などといって、親孝行の優れものを二十四人挙げて、御伽《おとぎ》草子や寺子屋の教材に使った。

孝行の中にも、いまからみれば無茶苦茶な話もある。

孟宗《もうそう》という中国の孝行息子の逸話がその例だ。病母が真冬にタケノコを食べたいといったため、孟宗クンが必死になって竹林を掘ったらあっという間に雪が解けてタケノコが出てきた、というもの。孟宗竹の語源ともいわれる。

だが、福沢諭吉は『学問のすゝめ』で、理不尽かつ無理な話が多すぎる、としてこの書を批判している。

わたしも同感だ。母親が理不尽なだけじゃないか、と。

しかし、理不尽なほどの親孝行を一度通過させられた子供が、人として大きく成長する例があるのもまた事実だろう。

バブルのつけを高齢者にまわすな。
金利の引き下げは、
年金と預貯金で生きる高齢者の首を絞めるだけだ。

平成五（一九九三）年、笹川良一が九十四歳のときの言葉である。

「この二年間に不況打開策と称して、公定歩合が六回、それに伴って預貯金の金利も六回引き下げられた」

それから二十年近くが経とうとしているが、景気は回復せず、金利は下がりっぱなし。その上、年金が下がって、所得税が上がる。

そもそもバブルは金融機関や財界が狂奔して作り上げた魔物であって、そのつけをまわされた国民はかなわない。

いまの政府の金融政策をみていると、どうも逆にやった方が景気回復にはいいのじゃないかとさえ思えてくる。

何でさっさと国債をバンバン発行してでも、カネを市場に出さないのか。

所得が多い層にたくさん使わせた方が経済効果が上がりはしないか。

高齢者、低所得者対策の処方箋《しょほうせん》としては、金利を上げ、市場にカネ回りをよくする方が病気の治りは早い。

政治家は自信をもっていい。その程度には、日本の底力は蓄積されている。

人の迷惑も考えずに、騒音、暴音をまき散らすな。
街頭演説はメガホンで、物売りは地声でやるのがいい。

わたしは昭和二十五（一九五〇）年生まれだが、子供のころを思うと、町中で大きな音を出して商売したり、宣伝カーを走らせたりする人を見た記憶がない。

たまにやってくる暴走族を除けば、みんなが自分の声で商売をしていた。豆腐屋さんも、金魚屋さんも、焼き芋屋さんもそれぞれ独自の声で商いをしたものだ。

ところがどうだろう。近ごろは選挙運動はもとより、廃品回収、石焼き芋まですべてがスピーカーのヴォリュームを一杯に上げて怒鳴る。

それもテープを回しっぱなしで、速度をわざと落として町内の路地を幾度となく往復するのは、嫌われたいためにやっているのか、と言いたくなる。

あれがそれぞれの地声だけでやってきてくれたら、買ってもいいのになあ、といつも思うのはわたしだけだろうか。

騒音音痴の日本人、と笹川は嘆いた。

発展途上国のクラクションがうるさいのを除けば、日本ほど騒音垂れ流しが許される国はないはずだ。

東西の冷戦や壁は事実上消滅したが、
新たに民族や宗教の対立から紛争が多発している。
「人類みな兄弟姉妹」主義をみんながもてば、紛争はなくなるのだが。

ベルリンの壁はもう二十年以上前に崩壊したが、民族と宗教の間にある壁は強固に残っている。

宗教戦争は何もいまに始まったわけではない。人類が誕生して以来、といっても過言ではないくらい歴史は古い。

ただ、イデオロギーの対立が宗教間の問題の前に立ちはだかっていたからカスミがかかっていただけだ。

とくにイスラム教とキリスト教、ユダヤ教との紛争は途絶えることなく続いてきた。

それがアメリカへの同時多発テロなどで一挙に爆発した。

テロ集団アルカイーダは「差別を広げたアメリカが悪い」という。

そうだろうか。どんな国にも生まれながらの格差はある。格差社会、とよくいわれるが日本ほど格差のない国はないのではないか、とわたしは思っている。

笹川はそれでも、「世界は一家」主義を信じれば紛争は起きないのに、といいつつ九・一一テロを見ないで平成七（一九九五）年に死んだ。

笹川が数年長生きをしていたら、イスラム過激派についてどう語ったか知りたいところだ。

ベルリンの壁　一九六一年、冷戦の最中に東ドイツによってベルリン市内を二分する壁が建設された。壁は一九八九年十一月に崩壊したが、それまでに百九十二人が東ドイツから壁を越えようとして射殺されている。

ある地方で郵便配達のストがあり、年賀状が配られなかった。そこで地元消防団が無料配達したところ、組合の弁護士がこれを違法だとして阻止した。国民のため、大勢のためになることに反対する組合運動とは不可解なものだ。

公共性の高い組織によるスト権行使は長い間問題を残してきた。労働者のスト権は認められてはいるが、いつでも、どんな場合でもストを打っていいというのでは、一般国民への迷惑は計り知れない。生命に関わる場合だってあるのだ。

笹川はそれを怒っている。

郵便配達、教師、医療関係者、鉄道などがその例だが、それも現場の意志より、上部団体からの強引な命令でストをやらざるを得ないケースがあるようだ。

消防団員が代わって年賀状を配ってくれたのなら、感謝したらいい。違法だからといって、阻止した総評の弁護士がおかしいのだ。

イギリスの元首相サッチャーは、見習うべき名言を残している。

「あなたの旗は赤旗でしょう？　私の旗はユニオンジャックです」

「社会というものはありません。あるのは国家と個人だけです」

「私はコンセンサスというものをさほど大事だとは思いません。あれは時間の浪費です」

（フォークランド紛争開戦に反対する閣僚に対して）「この内閣には、男は一人もいないのですか」

このくらい強い意志と指導力をもった宰相の出現が、いまの日本には望まれる。

マーガレット・サッチャー（一九二五〜）　イギリスの元首相、保守党党首。「鉄の女」の異名をとるほど強固な信念で指導力を発揮。財政赤字を克服し、新自由主義政策を実行した。

わたしが任侠道の人や暴力団関係者と会っているといって攻撃するが、それは違う。

たとえ前科があっても、刑が済んで徳を積めばよいのだ。

だから私は、暴走族にも暴力学生にも希望をもっている。

「前科がついていたとしても、刑を済ませ、徳を積めばいいのだ。顔に墨がついていても洗面すればきれいな顔になるごとくだ」

と笹川は人間の前歴を問題にしない。

前科者のほうが、ときにはまっとうになるものだ、ともいう。

多少、若いときに悪の道に入ったり、また学生運動で暴れたからといって差別しないのが彼のモットーだった。

最後に徳を積んだ人間になればすべて許す、という考え方だ。

前にも引いた親鸞の逸話をもうひとつ。

親鸞は雪降る托鉢《たくはつ》の一夜、軒先を借りようとした家の左衛門（下級武士）から腕ずくで追い出される仕打ちを受けた。

怒りに震える弟子の慈円や良寛を前に、親鸞は説く。

「心配なさるな。私はむしろあの人は純な人だと思っていますのじゃ」

親鸞は左衛門を許し、左衛門もまた改心して門弟となり、のちに道円を名乗る――『出家とその弟子』の名場面だ。

なかなか到達するのが難しい境地だが、笹川なら反社会勢力に属した人々の過去をも受け容《い》れたのだろう。

タイで敗戦を知った辻政信大佐は、僧侶に身を変えて山中へ逃げた。結果、多数の同僚・部下に責任を負わせ、戦争裁判が終わるや姿を現して参議院議員となった。卑怯者の見本といわれても、弁明できまい。

昭和十七（一九四二）年二月十九日、シンガポールを占領した日本軍（山下奉文《ともゆき》率いる第二十五軍）は、反日華僑の粛清を開始する。

華僑を中心とした共産党指導の抗日運動は激しいものがあり、確かに日本軍を大いに悩ませていた。

そこで作戦主任参謀だった辻政信（当時中佐）は、各検問所を見回って反対勢力への厳しい処分を督励し、こう言ったという。

「シンガポールの抗日勢力を一掃するのだ。憲兵は何をぐづぐづしているのか」「シンガポールの人口を半分にするのだ」（『日本憲兵正史』）

華僑の審問が十分に行われないままの処刑が多く、死者一千名から二千名の間と推計されている（東京裁判では六千名説を採用）。

粛清の責任者辻が逃亡したことから、裁判では多数の将兵が一方的にその責めを負わされ、死刑となった。辻が現れたときには、山下奉文大将以下、もう命はなかった。

卑怯者、と呼ばれてもいたしかたない行動があったのは事実のようだ。

健康、長寿、幸福な生涯を送るには、三欲を捨てよ。
わたしがいう三欲は、色欲、物欲、名誉欲である。
年をとってから必要なのは、食欲だけだ。

含蓄はあるが、どうも気勢が上がらない説に思えてならない、と反発される方もあろう。

だが、古来、年とともに欲を減らすのが長寿の秘訣とされてきた。

多少とも年齢がくれば、物欲、名誉欲などというのは、なくても日常困ることはない。

それまでに人生の蓄積ができあがっていて、「足るを知る」心境になれるからだ。

難しいのが、どうやら色欲。

色欲がなくても本人は死なないが、若いうちから〝草食系〟過ぎては子孫が滅亡するかもしれない。

昔は男性だけの問題のように思われていたが、昨今では時流に乗って男女差はないといえる。

長寿を保ちつつ、色欲を維持するにはどうするか。男性に限ってのことだが、儒学者・貝原益軒は名言を残している。

「接して漏らさず」である。

彼が書いた『養生訓』の中でもっとも後世に知られた一言だろうが、「房中補益」という説によれば、「年齢が増すと血気が衰えるので、精気を無駄に発射しないで、交接をする技術を磨け」とある。

それが極意のようだ。

さて、晩節の笹川本人は実際にはどうだったのか。ご関心のある方は拙著『悪名の棺　笹川良一伝』(幻冬舎刊)をご覧いただきたい。

人間はシャバという地獄に修行に来ていると思えばいい。
シャバで徳を積んだ者は極楽へ行けるし、
多数に迷惑をかけた者は地獄へ帰るのである。

先に述べた因果応報に関連してくるが、現世たるシャバを地獄と考えよ、という説は初耳だった。

辞書によれば「娑婆」とは「忍土、忍界」とあるから、必ずしも間違ってはいない。この世は修行の場であって、ここで優秀な成績を残した者が極楽へ行く切符を手にすることができる、という。切符を貰えないと、地獄へ逆落としというわけだ。

生きとし生けるものはすべて輪廻転生する。地獄、餓鬼、畜生、修羅などから這《は》い上がってなんとか極楽、菩薩の住むところへ行きたいと思うのが人情だ。

いまからでも、「一日一善」を実行してみようかと、にわかに思う。

シャバで大泥棒だった男が、一本の蜘蛛の糸にすがって極楽目指して登ってゆく姿が思い浮かぶ。結局、自分だけが助かればいいと思う男の浅ましさをお釈迦様は許さなかった、という話だ（『蜘蛛の糸』芥川龍之介）。

わたしには細い蜘蛛の糸にみんなを連れて登る勇気も覚悟もないが、修行が足りないと分かる年齢にはなった。

芥川龍之介（一八九二〜一九二七） 大正期の小説家。夏目漱石の門下に入り才能を認められた。短編の名作『羅生門』『鼻』『地獄変』などを残し、一九二七年に自殺。

「仰げば尊し」を歌わなくなった卒業式なんて、教師による学校破壊だ。
そもそも尊敬されるべき教師が、
ストばかりやっていたからいけない。
美しい童謡や唱歌を残して、子供に伝える教育が望まれる。

三月の卒業式シーズンを襲った東日本大震災の陰に、歌われなかった「仰げば尊し」がある。

近年、かつては定番だったこの歌を避ける教師が増えた。代わりに卒業式で歌われるのは「旅立ちの日に」「贈る言葉」「未来へ」といったような曲だという。

その大きな理由は、「仰げば尊し」の三番の歌詞にあるのだそうだ。

二番の「身を立て　名をあげ　やよ励めよ」の詞が、「立身出世」を奨励するからいけないというらしい。

日教組の教研集会でそういう議論が活発になって、現場の教師が歌わせなくなったとも報じられている（「産経新聞」二〇一一年三月二十日付）。

それは大いなる誤解に基づくものだとするのは加地伸行氏（大阪大学名誉教授）だ。

「身を立てようと思って親孝行をすれば、自然と世間の評判となって名をあげることになる。その結果、両親の誉れとなる」（『孝経』）

このように「身を立て　名をあげ」とは、修養を積んで人格を高めることであって、単に金儲けや高い地位を求めて狂奔するなどということではない、という。

次の卒業式シーズンには、震災から復興した校舎に「仰げば尊し」の歌声が響くのを楽しみにしたい。


「仰げば尊し」　一八八四年に発表された文部省唱歌。「いまこそわかれめ　いざさらば」といった文語調の詞は気高いが、昨今では文語体を忌避する風潮がある。

日々これ粗食で九十、百は働き盛り

九十一歳のわたしが若いと言われるのは、
粗食を心がけているからだ。
高価な肉や魚などは口にしない。
よく嚙んで、感謝しながら食べる――
これが長寿の秘訣である。

笹川の好物はメザシ、干しガレイ、切り干し大根と相場は決まっていた。「船の科学館」にかなりの名士や現職大臣が訪れても、館主が出すのはチャーハン。それがご馳走だと思っていたフシもあるが、食は簡素が一番と心得ていた。

風呂の水は湯船半分、ちゃぶ台に並ぶおかずはいつも大根メシとメザシ二本だった、と三男の陽平氏は苦笑いしながら話してくれた。

文句を言うと、

「早死にしたければ、うまい物を食え。長生きしたければこれでいい」

と取り合わない。

粗食こそ健康の秘訣だと、笹川は両親から体で覚えさせられたまま、九十六年を生きた。

統計的にみた長寿の秘訣はどうなのか、一例だが海外誌の報告がある。

「百歳以上の高齢者の統計では、平均して社交性があり、愛想がよく、小さなことにこだわらない性格が多い。神経過敏はストレスを増すからだ」（『ナショナルジオグラフィック　ニュース』二〇〇九年四月十三日号掲載、ボストン大学医療センター）

「日本人の平均寿命は男女平均すると八十三歳で、加盟国では第一位だ。その秘訣は日本人の伝統的な食生活にある」（『二〇一〇年度版世界保健統計』世界保健機関）

なるほど、笹川はこの統計にぴったり当てはまる。

わたしの健康法は、朝起きたら十分に深呼吸をすることにある。
新鮮な空気を吸い、
古い酸素を吐き出す習慣が元気の源なのだ。

場所も道具もいらない、お金はただ、薬もなしで、簡単にできる健康法がある。

笹川が実践し、是非にと勧めたのが深呼吸健康法だ。

世界中どこにいても、習慣だから朝起きたら必ずやる。腰に手をあて、可能なら植物の多い場所でゆっくりと息を吐き、胸一杯に息を吸う。

お腹から息を吐かなければだめ、というから腹式呼吸だ。

「新しい空気を十分に呼吸することで、体の血液にも酸素がゆきわたる。血行がよくなれば血圧も下がり、脳の働きも活性化され記憶力もアップします」

と医師に説明されて以来、笹川は何十年と深呼吸を続けてきた。

風邪などめったなことではひかない「医者いらず」の体になると職員たちにも呼びかけてきた。

「ヘソの下のあたりを丹田という。古来よりここが生命の根本を扱う場所といわれ、気を養うには、気力を丹田に集中させ、静かに腹式呼吸で気を口中に吐き出すのがよい」

と貝原益軒の『養生訓』(巻第二)にもある。

老化防止と健康維持は、カネをかけなくても始められる。

室内にいて無駄に電力を使うなら、
戸外に出て太陽にあたれ。
月は闇夜の提灯になり、太陽は無料の暖房と健康を与えてくれる。
自然への感謝は、省エネの第一歩だ。

貧乏に鍛え上げられたという林芙美子は、「大根の切り口みたいな大阪のお天陽様《てんとさま》ばかり」(『放浪記』)を見上げながら、生きる希望をつないだ。

陽性の詩情漂う文体から、大阪の太陽がいかに生命力に満ちているかが痛いほど伝わってくる。

貧しい行商人の子として放浪の末に見たのが「大根の切り口」のような太陽だった。

芙美子より四歳年上の笹川は、同じ太陽を大阪で仰いだであろうか。

自然の恩恵を率直に受け容れる生き方、それが笹川の根っこにはある。

「太陽は冬の寒いときでも暖を与え、しかも公害もない」といい、太陽に感謝せよ、と説いた。

要は家の中に閉じこもっていないで、表の風にあたり、陽を受け、緑陰で省エネの昼寝でもしてはどうか、ということだ。

新しい酸素を吸い込むのと同時に、太陽の顔も拝む。これこそが笹川式健康法だった。


林芙美子(一九〇三～一九五一) 北九州に生まれ、尾道で幼少期を過ごした。のち各地を放浪する。昭和初期からは流行作家として世に出るが、四十八歳のとき心臓麻痺で死去。『放浪記』『風琴と魚の町』『浮雲』ほか。

旅をしても必ず帰るのと同じに、
この世に生まれてきたら、必ず死へ帰らねばならない。
往復するのだから、帰る死を悲しむ必要はない。

生き死《しに》の懊悩《おうのう》とはやっかいなものだ。凡人も君子もない。

意外なことだが、死というものを深刻に考えるのは小説家に多いようだ。

小説家は現実と虚構の間を行き来するのが商売なのだが、それは笹川のいうこの世とあの世の往復にも重なる。

笹川の幼な友達川端康成は、ほんの小さいころから人間の死を傍で見つめてきた人だった。

そのせいか、彼の死生観は不安定で、生涯揺れ続けていたように思える。たとえばまだ若い時代には、

「駒子の生きようとしている命が裸の肌のように触れて来もするのだった」(『雪国』)

などと生命力溢《あふ》れる名作を残しながら、自らの最期は生きる灯《ともしび》を自分の手で消し去ってしまう。

「旅をしても必ず帰るのと同じ」と達観した言葉を吐けるのは、ある程度の歳《とし》を経た末のことではないだろうか。四十代や五十代の働き盛りで、なかなかそういうわけにはいかない。

やはり健康長寿に心がけた末に到達した心境だと解釈したい。

「死んで花実が咲くものか」という。

生きていてこそ、また良いときがくる。


川端康成(一八九九～一九七二) 大阪市出身の小説家。新感覚派の代表的作家と呼ばれ、戦前戦後を通じて多くの作品を発表。日本人初のノーベル文学賞を受賞したが、ガス自殺を遂げた。『伊豆の踊子』『山の音』ほか。

百獣の王ライオンでも、魂がなくなれば恐れるに足らない。
人間も同様で、いかなる国王、大統領、大将軍であっても、
魂が衰えたら三文の値打ちもなくなる。

非常時、国難というときにこそ、一国のリーダーには強靭《きょうじん》な指導力と決断が要求される。それを支えるのが、ここでいわれる魂、である。

魂のない指導者の肉体には、三文の値打ちもない、と笹川は断言した。

大正末期から昭和初期にかけて、わが国は幾度となく金融危機に見舞われるが、そのたびに辣腕《らつわん》を振るったのが蔵相高橋是清だった。

高橋是清は迷走することなく、断固たる金融措置を次々と講じ、恐慌を沈静化させた。

笹川が大阪・堂島で相場師としてスタートした時代と重なるのだが、是清はこう言っている。

「『我』を去り、私心をなくす。そうして自然の大道と己を一緒にしてみると、『生死』というものがなくなってくる」(『次代への名言』関厚夫)

すなわち、己の生死を超えた精神力を説いたのだろう。

我欲が突っ張っていては、国家の危急存亡は救えない。


高橋是清(一八五四～一九三六) 大正から昭和初期の政治家。大蔵大臣を数度にわたって務め、金融危機を乗り越えた功績が評価された。一九三六年、二・二六事件で暗殺される。

わたしは毎朝ジョギングをして、体を鍛えている。
スポーツは体だけではなく、
人間形成に必要な精神修養の万能薬でもある。

笹川は晩年になってスポーツ振興の必要性から、「笹川スポーツ財団」を設立（一九九一年）した。

もともと空手道や少林寺拳法などへの熱心な取り組みを続けていたので、見方によればいわゆる「スポ根」型の権化のように思われがちだが、それはちょっと違うようだ。

「スポ根」は戦争期や戦後の復興、高度成長期などにはいつも顔を出すキーワードだった。すべてを犠牲にして自己を鍛錬するのが、美学のように語られたりもする。数々の劇画の主役でもあった。

確かに「精神力」や「努力」がなくて、スポーツで一流にはなれないだろうが、今日的なテーマとしてはもっと効率性の追求にポイントはある。

笹川は「スポ根」型ではない、効率ある精神修養を追求していた。事業の成功と同じ原理かもしれない。

いつもニコニコ、ニッコリしながらジョギングで汗を流し、すれ違う人とは元気に挨拶を交わす。

燃え尽きて灰になるまで「頑張る」根性とは違うところに、「万能薬」としての価値がある。

「暑い、寒い」を口には出すな。
人に会って、挨拶がわりに「暑い、寒い」と切り出すようになったら
老化の始まり。

町内で知人に会ったときに「お寒うございます」「暑くなりましたね」は、日本人らしい時候の挨拶で見ていても気持ちがいい。

けれど、仕事で打ち合わせだというのに会うやいきなり「暑いですねえ」「寒くて嫌だわ」と切り出すようではあまりに能がない。

笹川だって、暑いも寒いも感じないはずはない。春夏秋冬、季節が変われば温度が変わるのは当たり前だ。

幼いときから、「暑いも、寒いも気の持ちようだ、いちいち言ってはならない」と両親に躾けられた笹川は、だから、口にしないことにしている、という。

だいたい言葉が陳腐だし、才気を相手に感じさせない。一歩間違うとそれしか言うことないの、と突っ込みたくなるほど凡庸なセリフに聞こえる。

つい口に出すのは、長い間の過度な冷暖房の使いすぎからくる生活習慣病かもしれない。

この際、頭を切り替えるいい機会である。

気の利いた挨拶ができなくなるのは、要するに老化現象の始まりなのだ。

鈴木俊一都知事の四選出馬（一九九一年三月）に対し、
八十歳だからと反対の声があがったが、いかがなものか。
実力と能力と意欲があれば、頑張って出馬するのはいいことだ。

かつて鈴木俊一氏が都知事の四選に立候補した際、当時の小沢一郎自民党幹事長が反対ののろしを上げた。

一般的に考えれば、八十歳の候補者は高齢すぎると思われるかもしれないが、鈴木氏は極めて健康そのもの、意欲もみなぎっていた。

取材陣に屈伸運動をして見せ、手が床に付く柔軟性をアピールした写真が記憶にある。

小沢氏はNHKのニュース・キャスターだった磯村尚徳氏を担ぎ出し争ったが、鈴木氏の勝利に終わったものだ。

笹川は、人を年齢で判断するなという。

単に何歳になったから引退せよ、というのは不合理で肝心なのは中身なのだ、と。

石原慎太郎氏は平成二十三（二〇一一）年四月、満七十八歳で四期目の都知事に当選した。

ご本人は引退する決意を内心固めていたが、止《や》むにやまれぬ状況からの出馬だったと仄聞《そくぶん》する。

しかし石原氏の場合でも、健康、能力、意欲さえあれば年齢などまだまだ問題にならないとわたしは思った。

役に立たない老人が居座るのがいいというのではない。役に立つ八十歳は、大いに働いてもらいましょう、ということだ。


石原慎太郎（一九三二〜）　政治家、作家。参議院議員一期、衆議院議員八期を務めたあと都知事となり、現在四期目。行動する作家、政治家として注目され続けてきた。『太陽の季節』『亀裂』『弟』ほか多数。

長寿の樹木は二千年も生きると聞く。
その十分の一として、私は人生二百年を提唱している。
九十、百は働き盛りだ。
だから、現在九十歳のわたしは、まだ折り返し地点ということになる。

国内の由緒ある神社の境内などには、樹齢が二千年にもなるクスノキや杉がある。福岡県太宰府天満宮にあるクスノキや、徳島県鳴門市の弘法大師が手植えをしたと伝えられる杉の木などがそれだ。

平成元（一九八九）年、九十歳のとき笹川はそうした大樹を見て回り「人生二百年」を提唱するようになった。

そのほかにも、富士山の裾野にある本栖湖には二メートルを超えるコイが生息していると聞いて出掛けたという。コイも二百歳くらいだと説明を受けた。

コイは生命力の強い魚として有名だが、二千年の大樹にはもっと神秘的な力が木肌から滲《にじ》み出ていた。それを手の感触で受け止めた笹川は、二百歳も夢ではないと自信を深めた。

人生百年はすでに現実となりつつある。「九十歳、折り返し地点」説もまんざら夢ではないかもしれない。

笹川の持論は、

五十、六十はまだつぼみ
七十、八十は青二才
九十、百は働き盛り——だ。

太宰府天満宮　太宰府市にある菅原道真《すがわらのみちざね》を祀った天満宮。「東風《こち》ふかば　匂ひおこせよ梅の花　あるじなしとて春な忘れそ」で有名な梅花が立つ。

屋久島には樹齢七千年の杉の木があると聞いて驚いた。
そこで、九十歳のわたしに万一お迎えが来たら、
「あと百年待て」と言って追い返すことにした。

樹齢二千年の大樹を見上げた笹川は、「人生二百年」を唱えた。

ところが屋久島には七千年の杉の木があると聞くや、さらに気合いが入った。

「お迎えが来たら、あと百年待てと言って追い返す」決意を固めるところがいかにも笹川らしい。

地元屋久島では、千年以上生き続けている杉だけを屋久杉というのだそうだ。千年以下の杉は、なんと小杉と呼ばれている。

笹川の言い方に置き換えれば、「七十、八十は青二才」級の杉というところか。

さらに五千年、七千年級の本物の縄文杉は、特別に「岳杉《だけすぎ》」と呼ばれる。

岳杉は、古代エジプトでピラミッドが築かれている時代に、すでに堂々と海を越えて見下ろしていたことになる。

縄文杉は世界の文明起源や、生態系の移り変わりを、静かに見守ってきたのだろうか。

その生命力に感動した笹川は平成二（一九九〇）年、九十一歳で覚悟を新たにした。

「大樹には及びもつかないが、せめて二百年は生きて、世のため、人のために尽くそうと思う」

お迎えが来たら追い返す覚悟、これが長寿の秘訣とみた。

屋久杉　鹿児島県屋久島の高地に生息する杉のうち、樹齢千年以上のものをいう。一般の杉の樹齢が長くても五百年といわれるから、屋久杉は異例の長寿だ。

いかなる事業トラブルも、人相手だと思えば腹も立つ。
天を相手と考え、台風には逆行せずその間は岩陰でひと休み、の考えだ。
台風一過、順風に帆を揚げればよいのである。

敵をあざむくには敵をまともに相手とせず、天を相手と思うくらいでないと勝てない、と笹川は説く。

天が相手であれば、嵐のときは身を隠し、晴れて追い風が吹いたら帆を揚げればいいではないか、という軍略だ。時の利、地の利をフル活用し、ここぞと思ったときに乾坤一擲《けんこんいってき》、一本の矢を放てばライバルを倒せるのだと。

若いときから相場を張ったり、鉱山を売買して莫大な資産を生んだ笹川だからいえる必勝不敗の法則だ。

戦前の国粋運動に始まり、国政、獄中と修羅場を踏んだ彼の人生そのものといってもいい。「天を相手と思え」という観点は、人生の戦いをあたかも『平家物語』にでも重ねたように、気宇壮大である。

源平による一ノ谷の戦い、屋島の合戦、壇ノ浦の戦い、と一連の合戦はまさしく天を相手に、地の利を味方にした者が勝利を収めた。

勝機がくるまでは、息を殺して待つのが事業成功の秘訣だと、経験者は語る。

「驕《おご》れる者も久しからず」は生きていた。


『平家物語』　一一六一年から一一八三年までの約二十年間にわたる源氏と平家の盛衰を描いた軍記物語。異本に『源平盛衰記』がある。琵琶法師によって口承されたり、近現代になってからは歌舞伎『義経千本桜』や吉川英治による『新・平家物語』がある。

病院によっては数種類の薬を、馬に飲ませるほど出すところがある。
とりわけ、抗生物質の乱用は避けなければいけない。
軽い風邪をひいただけで、抗生物質を飲むのはもってのほかだ。
暖かくして寝ているのが一番いい。

抗生物質は細菌には効くが、ウィルスには無力だという。

そういう基礎知識に無知だったわたしなどは、これまで風邪にかかると抗生物質神話に頼ってやってきた。

最近になってようやく分かったのだが、軽い風邪などの場合には温かいチキン・スープでも飲んで、早く寝るのが一番効くようだ。

抗生物質の乱用が、院内感染のもとになっているという事例も近年よく聞く。

抗生物質に対する耐性菌（たとえばメチシリンなどが効かないもっと強い菌）が発生するのだという。それが入院患者に感染すれば、死亡するケースも起きる。

酒造の過程で笹川の父が防腐剤を入れなかった逸話を先に紹介したが、現代でも防腐剤の問題が完全に解決したわけではない。

微生物を排除するために使用するのは抗生物質だけではなく、抗菌薬品もある。

細菌やカビが生えない代わりに有用な微生物まで殺す。たとえばペット用食品などにも使われているようだ。するとどうなるか。

犬猫の糞害は迷惑千万だが、そういえば昔ほど臭くなくなった。

その結果だろうか、最近では死んだ犬猫もすぐには腐敗が進まない、と聞くといささか恐い話だ。

生きたカネの使い方は実に難しい。
うまい物を食べれば早死にする。
カネの残し方を覚えるよりも、使い方を覚える方が利口である。
あの世にカネは持ってゆけないからだ。

笹川ほどになると、カネを増やすのは難しいことではなく、どう使うかが問題らしい。なにしろ大前提としては、「子孫に美田を残さず」であるから、財産は残せない。使い切るのが信条である。

そうなると慈善事業に使うか、あるいは多額の寄付をするとか、選択肢は限られる。

それもこれもやった揚げ句笹川は「ナヒモフ号」という沈没ロシア船の引き揚げに大金をつぎ込むことにした。この船は八兆円相当の財宝を積んだまま沈没したと噂されていた。

引き揚げ作業は難航し、金塊の山は発見されなかったが、「散財」には成功した。

夢を追いかける楽しみも味わったと、本人はご満悦だった。

その笹川のもとにある日、ダイエー創業者の中内㓛が訪れて言った。

「お蔭様で私も、売春婦にちり紙を売っていたのが、今日までになれて何百億かの資産ができました」

笹川が中内に返した言葉はこうだった。

「そうか、それはおめでとう。ところでキミはあの世にそのカネを持ってゆく方法は考えたのかね」

ナヒモフ号　日露戦争で対馬沖に沈没したロシアの軍艦。笹川は積まれていた財宝を引き揚げてソ連国民に寄付し、北方領土返還を実現させようと挑んだ。

中内㓛（一九二二〜二〇〇五）　兵役から復員し、大阪でスーパー「ダイエー」を立ち上げて成功した実業家。特飲街でちり紙を売る闇商売から這い上がった人物といわれる。

「世界は一家」と思っているので、時差ボケを感じたことはない。シャバとあの世を往復しても、ボケることはあり得ないだろう。

九十歳を過ぎて年に十数回も海外出張していた笹川に、時差ボケはなかった。「世界は一家、人類みな兄弟姉妹」がモットーであってみれば、地球は同じ屋根の下ということになるからだ。

「家の中をあちこち動いたからといって、時差を感じますか?」

聞かれればそう答えていた。

加えて、人間はシャバ地獄に修行に来ているのだから、あの世へ行くにも時差ボケなどあり得ない、ともいう。

因果応報の巡り合わせは前にも触れたが、善行をなせば極楽へ、徳を積まなければ地獄へ堕《お》ちるということだ。

だから「一日一善」の徳を積めと勧める。

難しい修行を積めというのではない。極めて日常的で些細な「一善」を指している。

ゴミを捨てるな、火の用心をしよう、老人に優しく、親を大切に、といった類のことである。

それを昔は修身教育といったが、戦後の教育は「それが戦争につながる」といってみんな捨てた。

美しい歌も、美しい作法も捨てられた末に国難に見舞われたが、国民は再び立ち上がろうとしている。

出処進退の仕方は人物の評価を決める。
勝手気ままで、自己中心主義者の進退ほど見苦しいものはない。
その点、岸信介氏の政界引退は鮮やかだった。

年齢と出処進退は関係ない。大人であったら何歳だろうと、自分の責任を見極めるのが当然だ。政治家、とりわけ首相ともなればその引き際が肝心であり、一歩誤れば国益を大きく損なう結果となる。

歴代首相にはそれぞれユニークな引き際がつきまとうが、笹川によれば中でももっとも鮮やかな出処進退を見せたのは岸信介だったという。

昭和三十五（一九六〇）年六月、安保条約改定が難産の末ようやく国会で批准されるや、岸はさっと身を引いた。

身命を賭したというだけのことはあった。岸信介の一途な実行力と思い切りの良さは、戦後の政治家の中でも群を抜いて見事なものとして記憶されている。

細川護熙《もりひろ》元首相、小泉純一郎元首相などが引退時に引用したという歌がある。

　ちりぬべき　時知りてこそ　世の中の　花も花なれ　人も人なれ

細川ガラシャの辞世である。ガラシャは石田三成の軍勢に城を包囲されたため、家老に槍で胸を突かせ、壮絶な自死を迎えた。関ヶ原の決戦（一六〇〇年）が起きる二ヵ月ほど前のことだった。

人の出処進退は、そのころよりはるかに見苦しくなっているようだ。

細川ガラシャ（一五六三〜一六〇〇）　明智光秀の三女（玉）で細川忠興の正室。キリスト教信者となりガラシャを名乗る。夫が徳川方についたため、西軍の石田三成の城攻めにあい三十七歳で自害した。

信仰をもつのは結構なことだが、祈願、読経の時間は一分もあればよい。
金運や開運、厄除け祈願に長時間かけるのは無駄だ。
そんな時間があったら、生きたカネの使い方を考えなさい。

「坊主の説教と挨拶は短いほどいい」とよくいわれるが、笹川のいう「祈願・読経」はお坊さんではなく我々がやる場合のことである。

それにしても、実際に葬儀などで聞かされる読経の時間は長いような気がする。近ごろは椅子席の会場が多いので助かるが、畳の上だときつい。まあ多少長いのは、故人を偲《しの》んでお別れする猶予を与えてくれる効用もあるのだろう。

だが、自宅の仏壇に向かって長い読経をしたり、寺社での祈願が必要以上に長い人はいったい何を考えてのことなのか、と笹川は問う。

はっきり言えば無駄な時間だという。そんなヒマがあったら、今のうちにカネの使い方でも考えておくように、とも。

財産の多少にかかわらず、あの世にカネは持っていけないのだから、元気なうちにうまく使い果たす作戦を練れ、と。

「子孫に美田を残さない」ためには、上手に使い切る活用法を考えておくのが第一というわけだ。

わたしの遺体は、急ぎ解剖にまわし、医学のために役立てて欲しい。
使える部品は何でも提供する。
虎は死して皮を残す。
人間は死して医学の進歩に役立てたいものである。

言葉どおり笹川の遺体は直ちに病理解剖に附された。

立ち会った三男の陽平氏はその模様を次のように語っている。

「遺体を前に合掌から始まり、解剖終了後は丁寧に縫合され、遺族の手に返される。そして担当医は厳粛な態度で病理解剖医の言葉に耳を傾ける」（『若者よ、世界に翔け！』）

「脳は重かったね、きれいなものでした。年相応に退化はしていますが、心臓は非常に強かった。きれいな筋肉の塊でした」（『悪名の棺　笹川良一伝』）

医学の進歩に寄与するという点でいえば献体もそうだ。

献体とは本人の生前の意思によって、その遺体を研究用に無償で提供すること。

献体された遺体は、医学生の研究に供され、一、二年後にねんごろに骨壺に入って戻ってくるという。

死んでも名も残らないような政治家たちには、医学の進歩のために、せめて遺体の提供を勧めたい。

栄耀栄華《えいようえいが》を誇る財産家も、慈善事業をしない人は心貧しい。
美術品を収集し、豪華な別荘を持っていても、
自己満足しているだけでは心が豊かとはいわないのである。

数々の慈善事業を身をもって実践した貞明皇后（大正天皇の后）は、福祉は志だけではできないことをよく承知していた。

宮中においては、奥向きの経費を節減して蓄えを作り、その貯蓄を資金としてハンセン病患者救済に充てるよう命じた。

そうした、社会のひずみを少しでも埋めようという志を問われれば、「昭憲皇太后さまのご遺志を継いだだけです」とのみ答えた。

その昭憲皇太后（明治天皇の后）は、率先して社会事業振興に尽くした功績がたたえられている。

ハンセン病患者救済の灯りは昭憲皇太后から貞明皇后へと引き継がれるが、ときを大きくさかのぼれば奈良時代、光明皇后（聖武天皇の后）に始まる。

光明皇后は悲田院《ひでんいん》というハンセン病患者救済施設を作り、自らの手で直接患者の手当をしたと伝わる。

歴代の皇后がそうした遺志を引き継いで、今日にまで至っている歴史はもっと知られていい。

大震災などの度に、美智子皇后が率先して被災者を見舞われる姿はその証だ。

さる高僧の教えによれば、
断食をしたり、座禅を組んでようやく悟《さと》りを開くのだという。
どうしてそんなに苦労しなければならないのか不思議でならない。
わたしなど、トイレで五分もあれば悟れるのだが。

一瞬にして悟るためには頭の切り替えをすればいいのだと、笹川は極めて現実的である。

もちろんカネも時間もかけることはない。

ただし、自分に自信をもって、小さな島国根性を捨て世界に目を向けなければダメだともいう。

「悟り」とは、字面《じづら》からみれば、立心偏《りっしんべん》に吾——つまり自分自身の心こそが確固たる自分、というほどの意味だろうか。

だから考え方ひとつで、なにも小難しいことはない、五分もあれば十分悟れるものだというのだ。

いい例が、新入社員などが率先して人の嫌がる仕事をすれば、それで悟りは開けるのだそうだ。

人のしたがらない苦労は買ってでもやれ、それが悟りの入り口だとも笹川はいう。

それには理屈がちゃんとある。

ゴミ捨てやトイレ掃除や道具の手入れ、といった基本的な仕事を徹底してやることで、お客との対応や道具の使い方などの基礎が身につくからだ。

つまりは「一日一善」が、悟りへの近道ということか。

地獄へ行くか極楽へ行くかは、自己の行為によって決まる。
善行をはたらけば、
行くのは嫌だといっても極楽から迎えが来るものだ。

節電のためなら何十階でもエレベーターを使用せず、階段を降りる笹川である。

水一滴を大切に、風呂桶の湯も半分で十分という人だった。

徳を積む、善行をする、という意味にはそうした省エネも大きなウェイトを占めていた。

夏目漱石の短編小説『夢十夜』のなかに、運慶が仁王像を彫る場面を夢に見る、という話がある。

運慶の巧みなノミさばきに感心していると、あれは木のなかに仁王が埋まっていて、それを掘り出すだけなのだ、といわれもっと感心する。

つまり、神秘的な仏像も、陶酔するような芸術も、人間の徳なども、もとはといえば作り出すものではなくて向こうからやって来るものなのだ、それを摑み出すかどうかが肝心なのだ、そういっているように思われる。

水一滴を大切にする者には、極楽の方から自然に迎えが来るのだ、という説はこうなるとにわかに説得力を帯びてくる。

運慶（生年不詳～一二二三）鎌倉時代初期の仏師。奈良興福寺を中心に仏像制作で名を残す。代表作に奈良東大寺南大門金剛力士立像（国宝）がある。

おわりに

東日本大震災に重なって、原子炉溶解という非常事態発生から半年以上が過ぎました。

関係者の疲労や苦痛は察するにあまりあるものですが、東北の皆さんのくじけない復興努力を目のあたりにするたびに、勇気づけられるのはわたし一人ではないでしょう。

笹川良一は平成七（一九九五）年に亡くなっていますが、いま生きていたら先頭に立って復興のツルハシを振るったに違いありません。

そして、「くじけるな」「お年寄りを大切に」と言いながら激励に走ったことでしょう。

笹川の残した言葉は、生き生きしています。学歴や名声はなくても名言は生まれるのです。

生々しく人間的な生き方を貫いたからこそ生まれた言葉だと思います。

彼の生涯は、世間一般から賞賛されたり、高い評価を受けずに閉じられたといっても過言ではありません。むしろ逆でした。

だから、短い一句に悪名を背負った人ならではの重みがかかっているのです。

この国には、幾度となない国難を乗り越えてきた実績があります。

全国土が焼け野原になっても、世界有数の経済大国にまで成長できたのは国民の底力があったからでしょう。

本書は、その底力を再び押し上げるための一助になればと思い、今回、笹川良一が書き残した警句を改めて見直したものです。

たくさんある笹川語録から、わたしが恣意《しい》的に選んだ八十本ほどの言葉を右頁に置き、解説、解題を左頁に付け加えました。

典拠は全国モーターボート競走会連合会機関誌『連合会会報』(一九七六年十一月一日号〜一九九三年六月十五日号)によります。

編纂しながら気がついたのは、「はじめに」で述べたように、笹川の警鐘が少しも古くなっていないどころか、いままさに必要とされているものだ、ということです。

大津波にたち向かって立つ松の木の強さには、今回の大震災で感動を覚えたものです。その松の木のような人の言葉が、案外実生活には一番役立つものだと実感したのです。

本書の刊行にあたっては、幻冬舎社長見城徹氏、ならびに編集局の大島加奈子さんに多大なお力添えをいただきました。

一句でもいい、生きるための警句が見つかることを祈りつつ筆を擱《お》きます。

平成二十三年九月

工藤美代子

〈編著者紹介〉
工藤美代子（くどう みよこ）1950年東京生まれ。チェコスロバキアのカレル大学留学後、カナダのコロンビア・カレッジ卒業。91年『工藤写真館の昭和』で講談社ノンフィクション賞を受賞。著書に『赫奕たる反骨 吉田茂』（日本経済新聞出版社）、『母宮 貞明皇后とその時代—三笠宮両殿下が語る思い出』（中公文庫）、『われ巣鴨に出頭せず』（中公文庫）、『悪名の棺 笹川良一伝』（小社）、『もしもノンフィクション作家がお化けに出会ったら』（メディアファクトリー） など多数。

くじけてなるものか 笹川良一が現代に放つ警句80
2011年9月20日 第1刷発行
2011年9月30日 第2刷発行

編著者 工藤美代子
発行者 見城 徹

GENTOSHA

発行所 株式会社 幻冬舎
〒151-0051 東京都渋谷区千駄ヶ谷4-9-7

電話：03(5411)6211（編集）
03(5411)6222（営業）
振替：00120-8-767643
印刷・製本所：中央精版印刷株式会社

ISBN978-4-344-02059-7 C0095
幻冬舎ホームページアドレス http://www.gentosha.co.jp/

この本に関するご意見・ご感想をメールでお寄せいただく場合は、
comment@gentosha.co.jpまで。